斎藤一人 自分を愛せば奇跡が起こる

舛岡はなゑ
Hanae Masuoka

PHP研究所

はなゑちゃん、
みんなに伝えたいことがあるんだ。
聞いてくれるかい——。

自分の人生は、自分自身が主導権をにぎってる。
自分の意識が目の前の現実を創っているんだ。
意識がなにに向いているかなんだ、たとえばね——。

空は青く広く、緑の枝に鳥たちはささやき、花は咲き誇る。
こんな素晴らしいところに生んでもらってありがたい
と思っている人は、
いま、ここにいても、どこに行こうが、天国の住人なんだよ。
幸せなことしか起きないの。

何で自分だけ、こんなつらい目に遭うんだ！
と嘆き悲しんでいる人の上にも、
天国の住人と同じように空があり、鳥たちは歌う。
わかるかい？
どこを向いているか、なんだ。

あなたの意識が「もっと幸せで豊かな人生」に向いていれば、
その通りの人生になってくる。
「自分に起きることは、一〇〇%自分の責任」
と言うのは、そういうことなんだよ。

常に「いま、ここから」が勝負なんだよ。
どこで生まれ育って、どんな経験したかではないんだ。
自分が「いま、ここから」
どこに向かって歩いて行くか、だけなんだ。

いまの、あなたの心（意識）があなたの明日を創っていく。
幸せで豊かな人生は、幸せで豊かな心が創造する。

ただ問題は、
どうしたら人の心は幸せで豊かになるのか、
なんだよ、
はなゑちゃん。

心は呼吸と同じで、「最初に出す」ことが大事なんだよ。

深呼吸のコツは、最初に「ふぅー」っと息を出しきって、
脱力すると、自動的にたくさんの空気が入ってくる。
心もそれと同じなの。
まず、心の奥にためていたものを一掃して、
幸せ感と豊かさが入るスペースを作ったと同時に、
人は〝幸せで豊かな人生〟を歩きだす。

じゃあ、心の奥にためているものは、
どうやって出すのかというと、
これが意外と簡単！
次の、魔法の言霊を唱えてごらん。

もっと自分を愛します。
そのままの自分をゆるします。

言ったらどうなりますか？　って。
それは、やってからの〝お楽しみ〟
＼(^o^)／

斎藤一人

はじめに――舛岡はなゑ

この本を手にとってくれた、あなたに、心から感謝いたします。

本書は、納税日本一の事業家、斎藤一人さんの、
「幸せを引き寄せる心のデトックス」についてのお話と、
それを実践している私と仲間たちの「いま」をお伝えするものです。

私や仲間たちの「いま」のなかに、あなたの「いま」がある。

ともに、まいりましょう！
今日よりもっと幸せで、もっともっともっと豊かな明日へ。

斎藤一人
自分を愛せば奇跡が起こる

目次

特別寄稿・一人さんのお話

第一話

一人さんから、大切なあなたへ

第四話

見えるのに〝見えない〟聞こえるのに〝聞こえない〟

第五話

どうする？ 不機嫌なワタシ

第六話 スカッと生きる

第七話

どこまでも自分は自分の味方

【特別寄稿・一人さんのお話】

心を浄化《デトックス》する、
宇宙とつながる、
幸運を自分に引き寄せる

謎の大富豪〝ひとりさん〟

みなさん、こんにちは、斎藤一人と申します。

「一人さんやお弟子さんたちの本を読むのははじめて」という方もいると思いますので、ちょっとだけ〝ひとりさん〟という人間がどんな人なのか、お話しさせていただこうと思います。


まず最初に私は自分のことを〝ひとりさん〟と呼んでいます。

自分のことを〝さんづけ〟にするぐらい、私は自分のことを愛しています。自分の未熟さも何でも、ゆるすのです（笑）。

そんな私のもとに、もっと幸せで豊かになりたい、人生を開拓する方法を知りたがっている若者たちが集まってきました。

彼らが、いま、まるかんの社長をしているお弟子さんたちです。

彼らに、私がいちばん最初に話したことは、

「オレたちは幸せになるために生まれてきたんだよ」

ということでした。


私だけ、あるいは私やお弟子さんたちだけが幸せになるために生まれてきた、と言っているのではありません。

あなたも、みんな、全員が幸せになるために生まれてきました。

「自分は不幸になります‼」

と言って、ここに生まれてきた人は、この地球上どこを探しても見当たらないのです。


いま、何かがウマくいっていない人、悩んでいる人のなかには、私の意見にうなずけない方がいるかもしれません。そういう方に、ここでちょっとお願いします。

ご自分の人生を振り返ってみてください。

過去にも、何らかの問題に直面したことがありませんか?

その問題が解決して落ちついたとき、あなたは「あのとき、あの経験をしたから、いまの自分がある」と思いませんでしたか?

「何もかもがウマくいかないからこそ、成功している人の話を聞けた。聞くもの、見るもの、すべてが新鮮」

「毎日、学ぶことが山のようにあって、でも、それが意外と楽しいんだ」などと感じませんでしたか?


えっ、思いませんでしたか。大丈夫です。たとえ思わなかったとしても、あなたは間違いなく、幸せになるために生まれてきました。


いま自分が、こんな、たいへんな目に遭っているのは、遠い昔、自分が誰かに嫌なことをした報いなんだ——とお考えのあなた。

報いを受けるために生まれてきた人は、この世に存在しません。

いま、あなたに起きていることは、天罰などでは決してないのです。

あなたのその考えかた、またはその生きグセが、あなたを不幸にしている、ということに、あなた自身が気づいてください——という〝お知らせ〟として、その現象が起きています。

その〝嫌なこと〟は、自分のためになっていないことに自分で気づくために起きています。気づけば幸せになったうえに、その〝嫌なこと〟は夢《ゆめ》まぼろしのごとく、スッと消えてしまいます。

という考えを私は昔から持っていて、儲かっていないような喫茶店を元気にやっていた、はなゑちゃんら数人の若者を相手に、そういうことを話していました。

一生懸命に生き、だが人生の成功ルールを知らない、若い彼らに、私が授かった知恵をすべて託しました。毎回、毎回、私なりに全力でした。

すると、いつの間にか、彼らは成功して億万長者となり、また私も「納税日本一の大事業家」と呼ばれて、本を書くようになっていました。

自分にゆるく他人《ひと》にもゆるく

私たちの顔は、一人ひとり、みんな違います。

それと同じように、幸せのなり方は一人ひとり、みんな違います。

違うからと言って、互いに「こっちが正しい」と言い争っていたら――。

「こっちの顔が正しい」「いや、私の顔が正しい」と言い争っている人たちを見て、あなたは、「この人たちはおかしい」と思いますよね。


だから私は思うのです。やっぱり、いちばんステキなのは、お互い、自分が好きな幸せのなり方で幸せになればいいんだ、と。

そして、互いに「あなたも幸せで、私も幸せ。よかったね」と言い合える関係がいい。

と、思っているのだけれど――。

人間には「求道心《ぐどうしん》」というものが備わっています。

求道心とは、真理を求める心。

真理とは、各自が幸せになるために役立つ道具です。


もっと言わせていただけるならば、あなたが幸せにならないものは、あなたにとって、それは真理ではないかもわからない。

というような考えを、私、一人さんは持っている人間です。


もう一度、言いましょう。

あなたが幸せになる考え方、生きる指針は、あなたにとって真理です。でも、あなたのその真理で私が幸せにならないとすれば、それは私の真理ではない。

私の真理は、私が幸せになるのに役立つものなのです。


こんなふうに、互いの真理が違っていても、お互いそれぞれが幸せであれば、「それでOK、よかったね」なのです。

そんなふうに、ゆるく生きる。

人に対してもゆるいけど、自分に対してはもっとゆるい（笑）。

それが、私、一人さんです。

宇宙を味方につける

本を書いたり、講演をしている人のことを、みなさん、「あの人は、立派な人だ」と言ったりします。

私も本を書いたり、講演をするのですが、私は決して立派な人間ではありません。

私のお弟子さんが、私のことを本に書いています。彼らは見たまま、感じたままを書いたに違いないでしょう。

でも、私がそれを読んだとき、「オレはこんなに立派な人間じゃない」と思った、というのが正直なところです。

以前、ある人からこのように言っていただきました。

「一人さんの魅力の一つは、人を責めない・批判しないこと」

そうやってほめていただくと、非常にうれしいのですが、私が人を責めないのは、責めたくないからです。

昔、エラい人が言った言葉で「汝《なんじ》、人を裁くことなかれ。汝自身が裁かれざらんがために」というものがあるのです。

私には、非のうちどころがいっぱいあります。そういう人間が、ひとこと言うと、十倍になって返ってくるに決まっているんだよね（笑）。

もちろん、人に相談されれば、私も「いまでも素晴らしいあなたが、さらに素晴らしくなるにはこうするといいですよ」と提案はします。

でも、私はただ、自分も楽しくて、周りも楽しい人生が最高だと思って生きてきた人間です。

そんな私に人を変えることができるわけがないのです。

もし、私の本を読んだり、話を聞いて、「人生、変わった」という人がいるとしたら、その人が元から「自分は変わろう」という気があっただけのことです。

人は他人《ひと》を変えることはできません。

もっと言わせていただくと、人生の成功者になるには、変えることができるのは自分だけ。

「自分の人生は自分が一〇〇%責任を持っている」

という宇宙の大原則を受け入れることが大切ではないかと思います。

自分に起きることはすべて自分が引き寄せている、自分のなかにある小宇宙には無尽蔵の力があるんだ――そういう想いが自分の体の細胞一つ一つに染み込んでいるような人に、とめどなく大宇宙の豊かさがなだれ込んでいるように思います。

ただね、本当は全員に大宇宙の愛と光が降りそそいでいるんです。それを受け取れなくしているものを、その人、その人が自分のなかに持っているだけなのです。

「好きなこと」だけ、がんばる

成功に苦労はいらないんだ——ということを、私は、子どもの頃から見抜いていました。

事実、社会的な成功をさせていただいた私には、やりたくない嫌なことをした覚えが、ひとつもありません。

私は学校もほとんどマトモに行っていません。学校の勉強が嫌だったからです。おもしろくないことを、じっと聞いていることができませんでした。私はガマンができない人間なのです（笑）。

私は、いままで生きてきて、ひとつも、ガマンをしたことがありません。

神さまは、「ガマンして生きなさい」とは言いません。何でも、嫌なことでもね、がんばらなきゃいけないことはないのです。

自分が得意なことをがんばればいいのです。

自分が好きなこと、「自分はこれをやりたいんだ」ということをがんばればいいのです。


ところで、あなたは何が好きですか？　やりたいことは何？


本当は、誰にでも〝自分の好きなもの〟があるのです。

それが言えないのだとしたら、もしかして、あなたは「ひと前で言ってはいけない」ということを想っているのではないですか？


昔、あるところに行ったらアンケート用紙のようなものを渡されて、「これに記入してください」と言われました。

その紙には、自分の好きなもの・趣味を記入する欄がありました。さて、一人さんは何と書いたでしょうか。

ちなみに、隣の席の人は「魚釣り」と書いていましたが、一人さんはいかに。

「女性」って書いた（笑）。

ちなみに、一人さんの「女性が好き」というのは、女性に好かれるのが好きなのです（笑）。

ただ「女性が好き」と言っているのと、「女性に好かれるのが好き」と言うのとでは、愛情の広さと深さが違うのです（笑）。

残念なことに、この私の想いが伝わらず、「マズイよ、キミ」と注意されました。

だいたい女性より魚が好きって、オレには理解できないな（笑）。

世間には、そんなことは通用しないことはわかっているんです。わかっているから、私は言い続けてきました。

自分の好きなことを言えないようにしている世間のほうが、絶対におかしい、と。

もう一度、うかがいます。

あなたの好きなものは何ですか？

本当にやりたいことは何ですか？

一人さん流「不完ぺき主義」

「完ぺきじゃなくても天下はとれる」

これは、私が個人的に非常に気に入っている言葉の一つです。

秀吉や家康、信長だって、完ぺきではありませんでした。

もちろん、一人さんも、完ぺきではありませんし、私は「不完ぺき主義者」なのです。


ただし、私が言う「不完ぺき主義」は、みなさんが思っている「不完ぺき主義」とはちょっと違うかもわかりません。

自分史上最高を目指さないことを「不完ぺき主義」と呼ぶ方も多いと思うのですが、一人さんの言う「不完ぺき主義」はそうではありません。

たとえば、私は私なりに、いい商品を作ろうと、自分の全力を出しきります。自分史上最高の仕上がりを目指して、自分の力を出しきるのです。

信長も秀吉も家康も、みんな、みんな、そうなんです。

でも、そのようにして作ったものであっても、「この製品は最高傑作だ」と評価されたとしても、時間が経てば必ず、「あの部分をこうしたら、もっと喜ばれるな」と改良点が出てきます。

すると、私はまた改良に改良を加えるのです。

その結果、さらにいい製品ができてきます。車でも電化製品でも何でも、人間もそう。すべてがそうなのです。

一人さんの「不完ぺき主義」の観点から言うと、いまのあなたは、魂の成長の歴史の最先端です。

人は常に、いまが、進化の最先端にいます。

でも、常に発展途上にあって、決して〝完成品〟ではありません。

人生は終わりなき改良の軌跡なのです。

一人さんの基準は最高で三〇％

人間は、どんなに完ぺきを期しても、最高にいいデキでも七八％だという話を聞いたことがあります。

現実的な話をすると、その「七八％」ですら、到達するのは簡単なことではないでしょう。「七八％」は、最高水準なのですから。

でも、人間にとっていちばん不幸なことは、「七八％」という水準に達しないことよりも、「なかなか行かない」と言って自暴自棄になり、明日に絶望し、ただ生きながらえるだけの人生を送ることではないかと思います。

そうなるぐらいなら、自分に対しても、人に対しても、要求水準を少しだけ下げてみたらいかがでしょうか。

民主主義は議会で過半数をとれば勝ちです。一〇〇人のうち五一人が賛成すれば法案は可決成立。ということは、議席を五一％とろうが、一〇〇％だろうが、どちらも同じですよね。

そう考えると、「一〇〇のうち〝いいこと〟が五一あればよしとしよう」と思い直してみてもいいのかもしれません。

えっ、そんなに低くしていいの？――大丈夫、心配いりませんよ。

ちなみに、一人さんの基準は「最高三〇％」です。

これでいくと、たいがいのことが「完ぺき」になってしまいますが、それで困ったことは、いまだかつて起きたことがありませんよ。

がんばってるね

「あのとき、あんなことを言うなんて、ホントに自分って嫌んなっちゃうな」とか。「こうすべきだったのに、そうしなかった自分がふがいない」とか。

そんなふうに、過去を引きずって、自分を責めてしまう人が少なくありません。

あなたは、自分に無実の罪を着せようとしているのですね。


故意にやったのなら、責められるのはいたしかたないけれど、そうではない。つい、うっかりやっちゃったことでしょう。

誰だって、ついうっかり間違いをおかすことはあるんですよ。


つい、うっかりやっちゃった自分を「努力が足りなかった」と責めるけれど、あなたは一生懸命がんばっていたのです。

だけど結果が「やっちゃった」だった。
だけど、そのとき、最高にがんばっていたのです。
この事実を、あなた自身が認めてあげることです。

そして、たまには自分に「がんばったね」って、言ってあげてください。だって、本当にがんばっているのだから。
がんばっている人に「がんばったね」と言うのは当然のことです。何がいけないのですか?

あなたは何にシバられていますか?

男という生き物は、キレイな女性を見かけるとうれしくなって、目が勝手に追いかけます。ミニスカートをはいている女性がいたら、気になって気になってしかたがない。

もちろん、私だって気になりますよ。そんなのは当たり前です。

また、私は仕事が大好きなのですが、たまに「辞めちゃおうかな」と思ったりすることがあります。

でも、そんなことを思ったからといって、私は自分のことを裁いたりはしません。

むしろ、「思うだけなんだから、いいじゃない？」と思っています。


「今朝は二日酔いで、頭がガンガンするし、吐き気もある。会社へ行く気になれないな。休みたいなあ」

などと心のなかでブスブス言いながら、会社に行く。そのときに、

「いつも明るく前向きでいられない自分が、まだいるんです」

と自分を責める人がいるんだけれど、私だったらシラフでも毎日会社に通えるかどうかあやしいところなので（笑）。

ですから、ブスブス言いながらでも会社に行く人を見ていると、頭が下がります。

「がんばってるな。エライな」と心から拍手を送りたい。

でもね――。

いちばん、あなたの人生に効くのは、あなた自身が自分に「エライね、がんばってるね」と言ってあげることなのです。

「がんばってるね」という言葉を言うのに、何かの目標をクリアしていなくちゃ言っちゃダメ、とか。

そんなカタイことは言わないで、自分の好きなときに心のなかで「がんばってるね」と言ったほうがいい。そうすると、何かが変わるから。

不《ふ》届《とど》き不《ふ》埒《らち》が「ちょうどいい」

人間なんて、土台、立派にはできていません。不届き不埒なことも考えちゃうことだって、あるんです。

でも、たいがいの人は考えるだけで、実際はやらないでしょう。思いとどまる勇気と理性というものがあるから、やらないのです。

それでもう十分、あなたは立派です。

それを、「不届き不埒なことを思うだけでもダメ」ということになったら、あまりにも自由がなさすぎます。

あなたは自分にやさしく、もう少しゆるく生きるつもりになったら、ちょうどいいのです。

「もっと自分をゆるします」と言ってみるといいですよ。

心の奥に鬱積《うっせき》した〝よどみ〟

では、いよいよ、この本の主題についてお話しします。

いまから私がお話しすることは、ほとんどの人にとって、信じられないような話でしょう。それでも私は、お話ししようと決めました。

それは、もっと幸せで豊かな人生を送りたいと願うみなさんのお役に立てるはずと、私は信じているからです。


人というのは、過去の、膨大な記憶を持っています。

その膨大な記憶のなかに、「怒り」や「うらみ・憎しみ」「ゆるせない！」という想いを過去にした記憶〝負の遺産〟のようなものがあるのです。

聞いたところによると、ほとんどの人が大なり小なり、「うらみ」「ゆるせない！」という〝負の遺産〟を持っているのだそうです。


読者のみなさんのなかには、「私はずっと幸せに生きてきました」とおっしゃる方もいるでしょう。

そういう人でも、潜在意識に問いただすと〝負の遺産〟があると、こたえるそうです。親がゆるせないとか、学校の先生がゆるせないとか、いろいろ「ゆるせない」ことがあるようです。

たとえば、意外と女性で多いのは、子どもの頃に「男の子が欲しかったのに、あなたが生まれた」というようなことを親や祖父母から言われた、というケース。

あるいは、弟や妹が生まれたとたん、親は、そっちのほうばかり可愛がって自分は寂しかった、とか。

兄弟姉妹が体の具合が悪く、唯一、元気だった自分はずっと兄弟姉妹をサポートしたり、家の手伝いをさせられてきた、とか。

それから、家計が苦しくて行きたい学校に行けなかった、お古ばかり着せられていた、クラスで自分だけ修学旅行に行けなかったとか。

いろんな「ゆるせないもの」「怒り」「うらみ・憎しみ」の記憶を人は持っています。

たとえ、一個いっこの出来事はささいなものであっても、それが積み重なって、心の奥に鬱積して〝よどみ〟のようなものになっているのです。

本来、人の心は水晶の輝きなのに、鬱積した〝よどみ〟に覆われ、本来の自分の輝きが封印された状態になってしまっています。

車にたとえると、フロントガラスがヨゴれて前がよく見えない状態で走っているようなものです。ヨゴレによって、眼の前の景色をありのままに見ることができません。

そのままでは、ガードレールや電信柱にぶつかるかも知れません。ヨゴレがひどくなってくると大事故が起きかねない、だから――。

「もっと自分をゆるします」

「もっと、そのままの自分を愛します」

この言葉を言ってください。

あなたが、あなた自身に言うのです。

「消そう」とするより「自分をゆるします」

「怒り」「うらみ・憎しみ」「ゆるせない！」というマイナスの想いを「消そう」「消そう」とすることは、私はおすすめできません。

なぜなら、「消そう」「消そう」とすると、心は逆に、そのマイナスの想いをギュッとつかんでしまうからです。手放したいのに手放せないことになってしまいます。

それよりも、私は、あの二つの言葉を、ただひたすら言うほうがいい。

気持ちが波立っているときは落ち着くまで、

「もっと自分を愛します」

「そのままの自分をゆるします」

この言葉を何度もなんども繰り返し言うのです。

「ゆるす」の語源は「ゆるます」です。

「そのままの自分をゆるします」と言っていると、自分の心が〝負の遺産〟をギュッとつかんで離さないでいたのが、ふぁっとほどけて手放して、段々と、心のなかがスッキリ片づいてきます。

また**「もっと自分を愛します」**という言霊は、言っているうちに段々、何とも言えないいい気持ちになってきます。

自分が何をしようと、人にやさしくできない自分がいたとしても、見捨てずに愛してくれる〝存在〟を感じる人もいます。

ただし、感じ方は人によって様々ですので、試してみたほうがいいと思います。楽しいですよ。

ゆるしの魔法

「親のことがゆるせない」「あの人のことがゆるせない」「この人、ムカつく！」と言ったり、思ったりしていると段々つらくなってきて、精神的なことを勉強する人が多いと思います。

精神的なことを勉強する、それ自体は非常に〝いいこと〟なのです。

ところが、いろいろ本を読んだりしても、だいたい、隣人を愛せよ的なことが書いてあるんですよね。

それができなくて、もがいている人がそういう本を読むと、その精神論をつかって自分を責める。

精神的な勉強をしているのに、なぜ自分はゆるせないんだろう——と苦しむのは、ゆるす順番を間違えているからです。

他人《ひと》のことを「ゆるせない！」と言っている人が、いちばんゆるせないのは誰だと思いますか？

実は自分なんです。他人《ひと》をゆるしていない自分のことが、その人より、もっとゆるせないの。だから、**「もっと自分をゆるします」**と言ってください。

この世の中には「類は友を呼ぶ」という法則があります。

「私は自分をゆるせないんです」と言っている人の周りには、たいがい、「あの人キライ、この人のこういうところもゆるせないわ」という人、会社で他人《ひと》のことを怒鳴りつけてばかりいる人、要は、ゆるせない者同士が集まっているのです。

でも、**「もっと自分をゆるします」**と言うようになってくると、おもしろいことに、自分をゆるせる人が集まるようになってきます。

心のなかで誰かを責める声、誰かを非難している自分を責める声がしていてもかまいません。

そのままの自分に**「もっと自分を愛します」**と言いましょう。

そして、**「そのままの自分をゆるします」**と言いましょう。

言っているうちに、少しずつ、少しずつ、鬱積した〝よどみ〟のようなものが溶けて、やがて心は輝きを取り戻します。

そのままの自分を心からゆるし、愛するようになります。

目の前の人のこともゆるし、心から愛せるようになっていきます。

ですが、いまはただ、ひたすら言ってください。

「もっと自分を愛します」

「そのままの自分をゆるします」と。

それが最高のこたえ

たとえば、あなたは「あのとき、あれをすればよかった……」と後悔の念にさいなまれることがありませんか？

そうやって、やろうとしなかったことを悔やみ、さらにまた自分を責めるけれど、後悔のない人間はいません。本当です。

実は、一人さんも、後悔していることがあります。

ただし、一人さんは〝後悔の深み〟に足をとられることはありません。それには、ちゃんとした理由があります。

人間の脳は、どんな問題にも、そのとき、そのときの〝最高のこたえ〟しか出せないようにできている――ということを、私は子どもの頃から知っていました。

だから〝後悔の深み〟にはまらないのだと思います。


〝最高のこたえ〟しか出さないのは、一人さんだからですよね――いいえ、本当はあなたも、そうなのです。

納得しようが、しまいが、あなたは、そのときの〝いちばんいい知恵〟を出し、そして、精いっぱいのことをしました。

あなたは一生懸命、生きていたのです。


「でも、あのとき、もうちょっと他にやりようがあったのでは……」

いいえ、あのときは、それが最高で、それ以上のことはできなかったのです。

そのことを、あなたがどんなに悔やんでも、あなたにとっても、周りの人にとっても〝いいこと〟は一つもありません。

それよりも、いま自分が幸せになることに意識を集中して、いまの自分が最優先でやるべきことをやることです。

いま、あなたが最優先でやるべきことは、「そのときは一生懸命だったけれど、それ以上のことができなかった自分」をゆるすことなのです。

ですから、自分に言ってあげてください。

「もっと自分を愛します」
「そのままの自分をゆるします」

心のなかで何を思っていてもかまいませんから、言ってください。ただ、ひたすら言ってください。

そして、いまの自分が持っているもの、すべてをつかい、いま、ここで楽しく幸せに過ごすことに全力を傾けてみてください。

あなたは、全力で、いまを楽しく幸せに生きるのです。

そのままで価値がある

近所をぶらぶら歩いていると、雑草がアスファルトを突き破って顔を出している姿を発見することがあります。

雑草がまだアスファルトの下にいたときは、小さなちいさな芽にすぎませんでした。

それでも、雑草は「自分は弱くて、小さくてダメなんだ」とか、「どうせ雑草だから……」という観念を持たず、自分の持てる力をすべてつかって、ただひたすら上へ、上へと伸びていきます。

ところが人間の場合は、なかなか、そうはいきません。

「何気圧で押せばアスファルトはめくれるか」というように、理詰めで考えます。そして「無理だ」と判断し、一歩も足を踏み出さないのです。

私は何を言いたいのかというと、宇宙の中心には幸せや豊かさを生み出すエネルギーが無尽蔵にあり、宇宙は私たち人間にもっと幸せで豊かになってもらいたいと思っているのです。

ところが人間のほうは「私は幸せになっていいのだろうか」とか。
「こんなに儲かっていいのだろうか」とか。
自分のことを「宇宙から幸せと豊かさをいただくに値しない人間」であるかのように思い込んでいる人が圧倒的大多数なのです。

こういった思い込みは幸運の流れを遮ってしまいます。
もしかしたら、あなたも、身に覚えがあるのではないでしょうか。

雑草は、人間のように、自分のためにならない観念や負の想いを持ちません。いまの自分の最高の力で、だけど、一気に尽き抜けようとするのではなく、じわぁーっと上に伸びているだけです。

そうしているうちに、ある日、アスファルトを突き破る。

人生もこれと同じです。


雑草は雑草のままで、アスファルトを突き破ります。あなたも、あなたのままで行けるのです。

もっと、この自分を愛してください。

そのままの自分をゆるしてください。

そして、自分の目の前に出てくる「自分がやるべきこと」を一つひとつ、楽しくクリアしていきましょう。

そうしていると、やがてはアスファルトを突き抜け、幸せな奇跡が次から次と起き始めます。


でも実を言うと、本当は、アスファルトを突き破る前から、すでにあなたは宇宙に祝福されています。

「もっと自分を愛します」

「そのままの自分をゆるします」

と言えば言うほど、思いがけない素晴らしい宝物〈気づき〉が次から次と届くようになっています。

▼本編

自分を愛せば奇跡が起こる

仕事、人生、人間関係 いままでに全くなかった奇跡の起こし方

舛岡はなゑ

読者のみなさんに心から感謝いたします。

いま、ここから、みなさんの人生は、いままでとはまったく違って見えてくるかもしれません。

と言いますのは、たくさんの方々が、一人さんに教わった、自分に味方をするという思ってもみなかった方法で奇跡を起こし、豊かで幸せで、なりたい自分になっているからです。

また、人間関係の悩みも、仕事の問題も何でも、なぜかスムーズに運ばれていく、スカっと人生が切り拓かれていく、不思議な感覚を味わった方々が大勢いらっしゃいます。

そのうちの何名かの方々のエピソードを、これからご紹介させていただきたいなと思っています。

その前に、一人さんから教わった「幸せになるために知っておきたいこと」を、みなさんにお伝えさせていただきます。

第一話

一人さんから、大切なあなたへ

いまはすでにあった

一人さんと知り合ったのは、私が二〇代の頃でした。

当時、私は喫茶店をやっていました。と言うよりも、親のスネをかじり、仲間たちに支えられて、なんとかお店をやっていた、というのが本当です。赤字の喫茶店でした（笑）。

そこへ現れたのが、謎のお金持ちの紳士、一人さん。

一人さんに〝いまを楽しく幸せに生きるコツ〟を教わって、私たちは自分の人生を開拓し、さらに幸せで豊かになっていったことを、本を読んでごぞんじの方も多いと思います。

一人さんは本当に惜しみなく〝いまを楽しく幸せに生きるコツ〟を授けてくださっ

たのですが、なかでも、ただならぬ熱意を感じたのが、

「人生は一〇〇％自分の責任」

という〝宇宙の摂理〟なんですね。

一〇〇％自分の責任とは、「一〇〇％私が悪いと思いなさい」ということではありません。

「人生の創造主は自分ですよ、あなたですよ」ということです。

人というのは、自分の心のなかにある想いが、それと同じような現実を自分に引き寄せる、という〝すごいパワー〟を全員、持っています。

私も、みなさんも、全員、人として生まれた時点ですでに〝すごいパワー〟が備わっているのです。

だから一人さんはおっしゃるんですね、**「自分に起きていることに〝偶然〟はないよ、必然なんだよ」**って。

「いま自分に起きていることは、前から自分の心のなかにあったことなんだよ。

たとえば、私は『人生は喜劇だ』と思って、日ごろ、生きているんだよね。実際、楽しくて笑っちゃうようなことしか、私の人生には起きないんだ。

世の中には、『人生は甘くない』と思って生きている人もいるよね。そういう人には実際、『人生って甘くないよなあ』とボヤきたくなるようなことが起きてる、って言いたいの。

だから、自分のなかにある想いが想った通りの現象を引き寄せる。

つまり、自分がいままさに信じている人生を引き寄せるんだよね。

だけど、想いを変えたら展開がコロっとひっくりかえっちゃう。人生が全然違ってくるんだよね。

そうやって、想いが人生を創っていく。つまり、自分の人生は一〇〇%、いいほうにも、悪いほうにも自分で舵《かじ》をとれる。一〇〇%自分の責任なんです」（一人さん）

一人さんの紙

読者のみなさんのなかには、もしかしたら「自分に起きることは一〇〇%自分の責任」という法則を、どうしても受け入れがたい感じがしている方がいるかもしれません。

受け入れられないからといって、誰も、あなた自身ですら、あなたを責めることはできません。

いいのです、受け入れられないものがあってもいいのです。

ただ、いまからお伝えすることだけは、忘れないでいて欲しいのです。

自分にどんな嫌なことが起きたとしても、それは決して、あなたに対する罰ではない、ということを思い出してください。

一人さんはおっしゃいます。

「嫌なことが起きた、ということは、あなたのなかにある想い、生きかたは、あなたのためになっていないから、やめなさい、ということを教えてくれている、神の愛なんだ」（一人さん）

ということは、いい人生にしたかったら自分の想いを変えればいいんですか？――

そうです、あなたのおっしゃる通りです。

想いを変えることは大切なんです。ただね。

たとえば、美しい花として生まれても、手入れを一切しなければ、枯れてしまいます。美しい花が美しい花であるために、必要な手入れを施していかなくてはなりません。人間もそれと同じです。

「幸せで豊かな人生を送るには、想いと言葉と行動、この三つを磨いて、磨き続けていかなきゃならないんだよ」と、一人さん。

そして、私は〝一枚の紙〟をいただきました。

「神的」ということ

いただいた紙には、次のような、〝一人さんの言葉〟が書いてありました。

自分を愛して他人を愛します
優しさと笑顔をたやさず
人の悪口は決していいません
長所をほめるように努めます

一人さん曰く、**他人に喜ばれるとうれしくなるように、神さまは人間をお創りになった**そうです。喜ばれた数だけ幸せは大きく育ちます。

では、他人に喜ばれることとは何なのでしょう。

それは、やさしさと笑顔、人の長所をほめること。

もう、おわかりですね。

そうです、あの紙に書いてある言葉は「幸せで豊かな人生に導く〝想い〟と〝言葉〟と〝行い〟」なのです。

私も、仲間たちも、あの紙に書いてある言葉を実践しながら、豊かで幸せな人生を送れるようになってきました。

そして、私たちはいま、あの紙に書いてある一人さんの言葉を周りの人たちにお伝えしながら、自分たちも実践し続けています。

第一話　ひとりさんの教えのまとめ

- 自分の心のなかにある想いが、それと同じような現実を自分に引き寄せる
- いまここから、想いを変えることで、また人生の展開が変わる
- 自分に起きた嫌な現象は、罰ではなく、神の愛。「自分のためになっていない想いや生きかたをやめなさい」と教えてくれている
- 自分に起きることはすべて必然、一〇〇%自分の責任
- 「自分を愛して他人を愛します　優しさと笑顔をたやさず　人の悪口は決していいません　長所をほめるように努めます」と自分に誓い、実践し続けると、ますます豊かで幸せになる

第二話
もうたくさん！苦しめないで！

魂のさけび！　場内騒然！

一人さんといっしょにいると、おもしろいことが起きます。
常識で考えるとありえないような現象がたくさん起きます。
ですから、私はたいていのことには、そんなに驚きません。

と思っていたのです、あんなことが起きるまでは。
あれには、私も、久しぶりに驚きました。
そして、思ったのです。
みなさんにとっても、あれは〝お知らせ〟なのかも知れない、と。
あれは、千葉県での講演会会場で起きました。
私が一人さんから教わったこと、こんな話をしているときでした。

＊

みなさんは、もっと、いい人生を送りたい、もっと幸せになりたいですよね。その願いの叶えかたを私たちは、一人さんから教わりました。

まず**「自分を愛して他人を愛します　優しさと笑顔をたやさず　人の悪口は決していいません　長所をほめるように努めます」**と、一人さんに教わって、私たちはずっとやり続けています。

優しさと笑顔をたやさず――でも、ときどき、笑顔を忘れてしまうことがあるんですね。たとえば、何かがあって落ち込んでいるとき、つい笑顔を忘れることがあります。

みなさんはどうですか？　自分がついつい機嫌悪くなってしまうような人、苦手な人が職場やおうちにいませんか？

いますよね。

いるからダメなんだ、という話ではありません。

もしかしたらそういう、他人《ひと》を困らせるようなことばかりする人とウマくやっていこうとして、あなたは自分がガマンすればいいや、と思っていませんか？
ガマンしてガマンして、本当にあなたは心から幸せですか？

幸せになりたいのなら、一人さんから教わったことを試してみてください。これから、私がそのやりかたをお見せします。

では、まいります。

あの人のことを嫌だと思っている、自分はいまムカついているんだ。いいんだよ、そう思って。

わかる。わかるよ、はなちゃん。嫌なことをする人は嫌なヤツなんだから、あの人のことを嫌って当然だよ。

嫌な想いをさせた相手が悪い。

いま、私は自分の味方をしました。

嫌な気持ちがしたとき、そんなことを思っちゃいけないとか、自分の気持ちをねじ曲げないでください、と言いたいのです。

そして、ガマンしないでください。

一人さんから私たちは教わりました。

他人をガマンさせてもいけないし、自分もガマンをしてはいけないんだよ、と——。

衝撃！　金属製の指輪が

みなさんは、ふだん、周りに気をつかって生きていて、誰かにガマンをさせるようなことはしないでしょう。それはとても素晴らしいことなのです。ただね。

一人さんがおっしゃるのです。

自分の気持ちを押し殺してガマンしてガマンしていると自分が壊れちゃうよ。だか

ら、自分もガマンしちゃダメだよ、って。

相手をガマンさせない、自分もガマンしないのだとしたら、自分は何をすればよいのですか、という話になりますね。

まずは、先ほど私がお見せしたように、自分のなかから出てくる嫌な気分・マイナスの想いを、ちゃんと汲《く》み取ってあげていただきたいのです。無視をしないでください。見て見ぬフリもしないでください。無理にねじ曲げないでください。

これは、**あなたのハート（魂）からのメッセージ**です。

いま自分はこういう気持ちをしているんだなあ――と、ちゃんと自分の気持ちを見てあげましょう。そして、いつも自分は**自分の味方**です。

自分を責めてはいけないのです。

たとえば、『親を殴りたい』と思ってしまうとしたら、そういう自分を責めてはいけません。

殴りたくなるようなことを相手はあなたにしたのです。殴りたいと思って当然。殴りたいと思った、**自分のいちばんの味方に、自分自身がなってあげてください。そういう自分をゆるして愛してください。**

と、ハートは伝えたいのです。

自分で、自分の気持ちを、わかってあげないと、おさえきれずに、爆発して、本当に殴ってしまったりするんです。

嫌な気持ちをしている自分に『わかる、わかるよ』『そういう気持ちになるのが当然だよ』と自分の味方をして、もっと自分を愛し、自分をゆるします、と――。

＊

講演の途中で、突然、会場の一画がザワザワざわめきだしました。スタッフが駆け寄る姿も見えます。

〈どうしたのかしら……〉

私も気になってしかたがありません。

でも、私の目の前には、一人さんがいま何を伝えようとしているのかを知りたい方々がたくさん集まってくださっています。

私はもう一度頭を切り替え、全神経を一人さんのお話をお伝えすることに集中しました。

＊

おかげさまで講演は無事終了。

楽屋に戻った私に、スタッフがあの騒ぎの報告をしてくれました。

「そんなバカな！」

私が思わず叫んでしまったのは、スタッフがこう言ったからでした。

「社長、指輪が曲がっちゃったんです」

私への罰⁉

例の騒動について、さらに、スタッフはこう言いました。

「社長の講演がはじまったとき、ある女性が指にはめていた金属製の指輪が勝手に〝くの字型〟に曲がってしまったんですよ。そのせいで、金属が指に食い込んで血が止まり、パンパンに腫れたんです」と。

指がそんなふうになるぐらい、金属製の指輪が曲がってしまったというのは、一体どういうことなのでしょう。

なぜ、そのようなことが起きたのでしょうか。

この〝珍事〟の当事者である女性から、経緯を報告するメールをいただきましたので、以下にご紹介させていただきます。

「今日の講演が始まる前に、非常に怒りをガマンしている自分がいて、指輪が少し変形していました。

はなゑさんのお話が始まったとたんギュっと、いきなり〝くの字〟に曲がりだして指に食い込みだしました。

涙が出るどころか、痛くて……。いっしょに講演を聞いていた夫が気づいて〝気〟を送ってくれたり、スタッフの方の手当てのおかげさまで痛みが消えて、最後までお話を聞くことができました。

この〝珍事〟のおかげで、私は自分が完ぺき主義者だということがよくわかりました。不正をゆるせなくて怒りを感じていたのに、ガマンしていたんです。でも、怒りはためてはいけないのですね。

もっと自分をゆるします」

あとになってわかったことですが、別の地域で「自分の味方をして、もっと自分を愛し、そのままの自分をゆるす」というテーマで講演したときも、指輪が指に食い込んだ女性が数名いらっしゃったそうです。

どなたも、怒りなどの〝負の想い〟が解放されたことにより、指輪が曲がったのでした。

誤解しないでくださいね。指輪が曲がったのは〝負の想い〟をしていた自分への罰**ではありません。**

神さまは他人《ひと》を責めることを嫌がりますが、自分を責めることもとても嫌がるのです。

指輪が曲がったのは、怒りの感情を持ったことに対する**罰では絶対にないのです。**

また、一人さんは、このようにおっしゃいます。

「たいがいの人は何かことが起きたとき、イライラしたりムカついたりと不愉快な気分になって、『嫌なことが起きた』と思うよね。

こんなことが起きちゃって嫌だなと思ったことが〝お知らせ〟なんだよ。

もっと言うと、嫌だと思ったことに、よりよき人生を送るため自分の想い通りに生きるヒントが隠れているの。

人というのは、勝手に自分の限界を作っている、と言うのかな。

いろんな固定観念にとらわれ、思い込みで自分の行動を制限しているんだよね。そういう自分を解放する〝ヒント〟が隠れているんだ」

細胞が悲鳴！

怒りや憎しみ、自分を嫌う気持ちなど〝負の感情〟がわいてきたとき、自分の気持ちをグッと抑え込んで、笑顔で過ごしていれば、周りの人には気づかれないかもわかりません。

でも、抑え込んだつもりでも、実は〝負のエネルギー〟は消えることはありません。自分のなかにたまったままです。

このように〝負の感情〟をガマンして抑え込むことが頻繁にあると、どんどん〝負のエネルギー〟は蓄積されていきます。

そして最終的には、体の細胞を破壊して痛みを生じさせたり、病気になったりすることがわかってきました。

さらに、先日たまたまテレビをつけたら、ある大学病院の先生が、がんと考えかたの関係についてお話しされていました。

ガマン強い人や自分を責める人は、NK《エヌケー》細胞（体内で発がんを防いでいる免役細胞の一つ）に元気がなく、がんになりやすいのだそうです。

もう一度、言わせていただきます。いいえ、何度でも言わせていただきます。

痛みや病気は、罰ではありません。

一人さんもおっしゃっています。それは罰ではないよ、と。

体の痛み、病気は、自分のこの嫌な気持ちを、ちゃんと見てあげてください、というメッセージ。

私たち人間、一人ひとりのなかにいる神さま、ハートからの〝お知らせ〟だと、一人さんはおっしゃっています。

「はなゑちゃんの講演を聞いている最中に、指輪が曲がったのは、はなちゃんの話を聞いていたら怒りをグッと抑えて抑えて、圧縮してため込んでいた〝負のエネルギー〟が一気に解放されたんだよ。

解放された〝負のエネルギー〟で指輪が曲がっちゃったんだけど、それは、怒りという〝負のエネルギー〟の破壊力を本人たちだけでなく、会場にいる人たち全員に〝お知らせ〟するためだったんだよ。

自分の気持ちに気づいて味方をしてね、という〝お知らせ〟を一人でも多くの人に広めたかったんだろうね」（一人さん）

もう一度繰り返します。指輪が曲がったのは**罰ではありません。**

また、いま自分に起きていることで、自分を責めないでください。

いま、あなたに起きていることも、あなたへの**罰ではありません。**

一人さんのおっしゃる通り〝お知らせ〟です。

自分の気持ちに気づいてね、という〝お知らせ〟です。

嫌な気持ちが〝お知らせ〟とはどういうことかというと、実は、嫌な気持ちをしている自分のなかに、もっと豊かで幸せになる〝ヒント〟が隠れているのです。

それを自分自身が掘り出していくために、私たちのハート、魂が、

「自分の気持ちに気づいて！」

と言っているのです。

第二話　ひとりさんの教えのまとめ

- 「優しさと笑顔をたやさず　人の悪口は決していいません　長所をほめるように努めます」と誓っても、できないときもある。できない自分を責めてはいけない
- 自分が嫌な気持ちをしているときは、見て見ぬフリをしない、自分の気持ちを無理にねじ曲げない、ガマンしない
- 心の中で、嫌な気持ちをしている自分の味方をして、「もっと自分を愛します。そのままの自分をゆるします」と唱える
- 〝負の感情〟をガマンして自分の中に抑え込んだ〝負のエネルギー〟は金属の指輪を曲げるほどの破壊力を持つ
- 体の痛みや病気は、罰ではなく、自分がガマンしている嫌な気持ちを「ちゃんと見て」というハートからの〝お知らせ〟
- 自分が嫌だと思ったことに、自分の思い通りに生きるヒントが隠れている

第二話 意外な〝落とし穴〟

宇宙からのメッセージ

私は、読者のみなさんのハートが確信していることを尊重します。

私にも、みなさんと同じように、私のハートが確信していることがあるのです。それを、いまから、みなさんに聞いていただきたいのです。

あなたにも、宇宙は〝お知らせ〟を送ってくださっています。

日々の生活のなかで、ちょっとでも「嫌だな」と思ったり、イライラしたり、カチンときたり、怒ったり、恐れや不安、ねたみ等、自分が不機嫌な想いをすることがあるでしょう。

それを何かの罰だととらえる人がいるのですが、**罰ではありません。**

いま、あなたが嫌な気持ちをしているのであれば、その気持ちこそがハートからの

〝お知らせ〟なんです。

嫌な気持ちをしている自分をちゃんと見てあげてくださいね――と、宇宙は教えてくださっているのです。

また、同じような嫌なことが何度もなんども起きて、「また、こんなことになっちゃって。もう嫌だ、カンベンして」と言いたくなるとき。

そういうことが起きたとき、「改心して清く正しい人間にならなければ」「立派に生きなければ」ということを考える方もいらっしゃるのではないかと思います。

でも、私が一人さんに教わったのは、反省も改心もしなくていい、ということでした。そして、**「気づけばいいんだ」**と一人さんはおっしゃるのです。

あなたにずっと出ている〝嫌なパターン〟あるいは、忘れた頃にやってくる〝嫌なパターン〟のなかに、あなたがより豊かで幸せになる〝ヒント〟が隠されています。

そして、思い出してください。

自分に起きることは一〇〇%自分が引き寄せています。人というのは、想った通りの人生を生きるように創られているのです。

あなたは幸せで豊かになるために生まれてきた魂なのに。いかなるときも、この自分をこのままに愛することを覚えるためにここで生きているのに、なぜ、そんなに自分を否定するのですか？　自分の本当の気持ちに気づいてください――と、あなたのハートがお知らせしてくれているのです。

ダメダメ！　それ、やめて！

ハートからの〝お知らせ〟に気づいたとき、多くの方がついうっかりやってしまうことがあります。

たいていの方は、立派な人として生きようとするのです。

そして、立派な人として生きられない自分はダメだ――と、自分を責めます。立派な人間として生きなくたって、あなたがあなたであることに、はかりしれない価値を宇宙はつけてくれているというのに。

まず、一人さんから託されたこのことを、お伝えいたします。

ハートからの〝お知らせ〟は、あなたに立派な人として生きてほしい、と伝えているのではありません。

また、自分を変えようとする必要もないのです。

ただ気づけばよいのです。

あ、いま自分は嫌な気持ちをしてる、って。

そして、嫌な気持ちをしている自分に〈わかる、わかるよ。そうやって嫌な気持ちになるのが当然だよ〉と、**自分の味方**をします。

さらに、一人さんに教わった魔法の言霊〈**もっと自分を愛します。そのままの自分をゆるします**〉を言います。

これをやり続けていると、ちょっとずつ、心を覆っている雲が払われて、ある日、自分のなかに明るくてあたたかいものを感じはじめます。

至福のエネルギーに自分が包まれているような、神さまにいだかれているような、満たされた感覚。すごく幸せな気持ちになるのです。

その人を幸せにしているものの正体は、無限の愛です。

「テストでいい点をとったから」「いい子にしてるから」等など条件付きの愛ではない、本物の愛です。

人はみな、人として生まれた時点ですでに、この無限の愛が自分のなかにあふれるほどあるのです。

もっと自分を愛します。そのままの自分をゆるします――この癒しの言霊の力で、自分のなかにすでにある無限の愛にふれることができます。至福のエネルギーに包まれるのです。素直になり、周りの人にやさしくしてあげたい、心から相手の幸せを願うようになります。

周囲の人々はもちろん、自分自身も「自分は変わった」と思うかもしれませんが、変わったのではありません。

一人さん曰く、**本当の自分が目覚めた。**

自分のなかに元からあった〝善性〟が出てきただけなのです。

「人間の本質は〝善〟なんだよ。自分が幸せになればなるほど素直になり、その人の〝善性〟が出てくるように神さまが創ってあるんだよ。だから、自分を変えようとする必要はないの。ただ気づけばいいんだよ」（一人さん）

まさか！の〝お知らせ〟

「嫌だな」と思ったり、イライラしたり、怒ったり、恐れや不安、ねたみ等、機嫌のよくない心の状態はハートからの〝お知らせ〟です。

自分に気づくためのチャンスです。

さらに言うと、何かの観念にとらわれていた自分の心を解放し、幸せで豊かな人生を送るための〝ヒント〟です。

自分がどんな気持ちをしていても、どんなことを考えていたとしても、自分を責めないでください。

どんな自分も否定しないで「わかるよ、わかるよ」と**自分の味方**をしてあげてください。

そして、一人さんに教わった癒しの、魔法の言霊「**もっと自分を愛します。そのままの自分をゆるします**」を唱えましょう。

あなたの魂が「それをしてください」と訴えているのです。

「誰かがあなたのことを否定しても、あなただけはあなたの味方をしてください」「あなたがいちばん自分自身の味方になってください」というハートの声なき声が心のモヤモヤだったり、何かしっくりこない感じだったりします。

ただ、人というのは、意外と、自分の気持ちに気づかないのですね。

何かあると否定的なことを考えてしまう自分を克服したくて、嫌な想いを意識的に打ち消そうとすることもあるでしょう。

自分を、不幸だと思いたくなくて、見ないようにしていることもあるでしょう。

他人《ひと》の問題点ばかりに意識が集中し、マイナスの想いをしている自分に気づかないときもあるでしょう。

自分と向き合う時間がないときもあるでしょう。

また、自分の気持ちを見ないようにしていると自分では思っていなかったけれど、実は、見ないようにしていたことが後でわかった、という方もいます。かく言う私自身、そうでした。

それにしても不思議なのは、人はなぜ、自分の気持ちを見ないようにするのか、ということです。

見ないようにしているその部分に、よりよき人生を送るためのヒントが隠れているのに、なぜ？

見て見ぬフリをしてしまうのは、前世や子どものときにそうしないと耐えられない自分がいたから。その気持ちを認識すると、昔、自分の心の奥に封印したはずの記憶（心の傷）を連想して「再びあのときのように自分は傷つくのではないか」と無意識のうちに恐れるからです。

この恐れが〝サングラス〟の役割を果たし、その自分の気持ちに気づく感度が低下する。

ということが深層心理にあるようです。

ただ、一人さんが、みなさんに、おっしゃるのですね。

「あなたの恐れているそのことはもう起きませんよ」と。

そして、自分の心理を分析する必要はなくて**「ただ自分の本当の気持ちに気づけばいいんだ。だから、あの言霊を言ってください」**と、一人さんはおっしゃいます。

そんな都合のいい話があるもんか！——と、あなたが感じたとしても、否定するつもりはありません。

実は、私も、信じられないような話だと思うのです。

ただ。

これは、やってみるとわかるのです。無責任な言いかたに聞こえるかも知れませんが、本当にそうなのです。

第三話　ひとりさんの教えのまとめ

- 〝お知らせ〟に気づいたら、反省しないこと、改心して清く正しい人間になろうとしないこと、立派な人間になろうとしないこと
- 嫌な気持ちをしている自分の味方をし、「もっと自分を愛します。そのままの自分をゆるします」と唱えると、心にかかっていた雲が払われて、元々あった〝善性〟が現れる
- 人間の本質は〝善〟。幸せになればなるほど、その人の〝善性〟が出てくるように神さまは人をお創りになった
- 人は無意識のうちに「また、あのときのように嫌なことが起きるのではないか」と恐れることがあるが、あなたが恐れていることは実際は起きない

第四話

見えるのに〝見えない〟聞こえるのに〝聞こえない〟

因果はめぐる

ウチの会社は、私が全幅の信頼を寄せている〝三人の女性〟が運営しています。彼女たちに相談されても私は提案するだけで、実際〝現場〟は彼女たちに任せています。

この〝三人の女性〟の一人、洋子ちゃん（大信田洋子主任）と私との間で、ずっと同じ〝お知らせ〟が出ていました（〝お知らせ〟だと私が気づくまでに何年もかかったのですが）。

それは、まず洋子ちゃんのこんな電話から始まります。

「社長、今日、こんな問題が起きまして――」

私はというと、洋子ちゃんの話を聞きながら、いつも私は心のなかで〈ん？……どういうことなのかしら？〉と思っていました。

つまり、洋子ちゃんが問題視していることが、私にとっては「別に気にするようなことではない」事柄なのです。

いまとなっては、洋子ちゃんにとっても私にとっても、笑っちゃうような〝楽しい思い出〟ですが、現在進行形のときは……。

その頃の私は、洋子ちゃんから相談の電話がかかってくるたびに心のなかで思っていました。

〈スタッフが、自分の期待通りに動いてくれない、って……。洋子ちゃん、あなたがもっと、おおらかな気持ちで、みんなを見守るようになればいいんじゃないかしら……。会社を興した当時、私があなたたちにそうしてきたように〉と。

そして、私は自分の気持ち、「気づいてね」の合図を、見て見ぬフリをしていたのです。

洋子ちゃんを通して〝お知らせ〟は何度もなんども出ているのに、私は毎回そのままスルーしていました。

そして、いま思うと、そのときの私は。

そう、上から目線でした。

〈洋子ちゃんもまだまだ未熟ね〉と思っていたのです。

不幸のパターン

洋子ちゃんは仕事もでき、また愛情深い人。そして、一人さんの言う〝日本のお母さん〟タイプです。

〝日本のお母さん〟タイプとは、わが子の幸せを願うあまり「あれをあぁいうふうにしなさい」「これはこういうふうにしなきゃダメ」と、自分が正しいと思う道をわが子に歩ませようとするのです。

洋子ちゃんも、自分の部下や仲間たちによかれと思って、「これはこういうふうにやって」「ああいうふうにやって」と事細かく指示を出します。

洋子ちゃんがやらせようとしていることは、確かに正しいのです。実際にやってみてウマくいった黄金ルール、成功のノウハウなのです。

でも、それを強要するというのは、ちょっと……。

「口酸っぱく言っても、やらないんですよ、社長。どうして、わかってくれないんでしょうか。やれば絶対、いい結果が出るって、わかりきってるのに……」

洋子ちゃんの話を聞きながら私は、昔、一人さんに教わったことを思い出していました。

「いいかい、はなゑちゃん、よく覚えておくんだよ。
人は他人《ひと》を変えられないんだよ。
変わることがあるとしたら、それは自分から変わろうと思ったとき。
相手にそのつもりがなければ何をしたって相手は変わらないし、また変えようとし

ちゃいけないんだよ。

変えられないものを変えようとしたとき、お互い、幸せから遠ざかるんだ」（一人さん）。

どうしてわかってくれないの！

変えられないものを変えようとしている洋子ちゃんは、大切な私の仲間です。でも、洋子ちゃんに「こうしなさい」「ああしなさい」と言われている人たちも、同じように私の大切な仲間。

私は、もうこれ以上、放っておいてはいけないと思いました。

「洋子ちゃん、いい？　これから話すことはあくまでも提案なんだけど。どうするかは、あなたが決めてね、お願いしますよ。

洋子ちゃんの話を聞いて思ったんだけどね。やらされる仕事は〝奴隷の働き〟と言って、人はやりたいとは思わないものなんです。

だから、相手が自発的にやりたくなっちゃうように伝えてみる。そうしたほうが、仕事はウマくいくんじゃないかな。

そして、みんなのことを信じて成長を見守ることも、あなたの仕事と、私は思うんだけど。

人を育てるのは、植物を育てるのととても似ているの。

植物は適度な水と適度な肥料があり、適度にお日さまの光を浴びていれば、自然と成長するじゃない？

それを、やっと、ちっちゃい芽が出たときに、『早く大きくなって、早く伸びて！』と焦って芽を引っ張ったら壊れちゃう。それから、水や栄養をあげすぎると、根ぐされを起こしちゃうよね。

お日さまの光もね、植物は自分が浴びたい分だけ、太陽に向かって伸びていくようになっているの。太陽の恵みと言うけれど、あまり当てすぎると葉が日焼けして、恵みではなくなってしまうでしょう。

人もそれと同じでね、あれこれ手をかけすぎるよりも、相手が『もう少し欲しいな』と思うぐらいがちょうどいいの。

植物が地下の深いところまで根を張って水分を得ようとするのと同じで、人も欲しているぐらいが強くなってちょうどいいの。根を張って、どんな強風が吹いても倒れなくなるからね。

だからね、洋子ちゃん。

洋子ちゃんの場合、与えすぎ、かまいすぎだから、もう少しおおらかに、長い目で見てあげて、みんなのことを見守ってあげてもいいんじゃないかな。

そうすれば、みんなはもっとノビノビ楽しく仕事ができるし、あなた自身もそれがいちばん楽で、喜ばれる成功の道だと思うよ」

彼女は、「いいアドバイスいただきました。ありがとうございます」と喜んでくれたのです。

ところが、その数日後――。

魔の着信音

ルルルルルルルル……私のケイタイの着信音がなりました。

発信者は誰かというと、〈あっ、洋子ちゃん。まさか……大丈夫よ、あれだけ話したんだから〉。

通話ボタンをピッと押して、

「感謝しています。洋子ちゃん、どうした？」〈うちの会社では、あいさつの言葉として「感謝しています」という言葉をつかいます〉

「あ、社長、感謝しております。いま、よろしいですか？」

案の定、洋子ちゃんの話は、いつものパターーン。私は〈洋子ちゃんは、いつになったら気づくのかなあ〉と思いつつ、話を聞いていました。

何に気づくかというと、他人《ひと》は変えられない、ということです。

洋子ちゃんは才長《た》けた人で、状況を見ていま何をやるべきか、瞬時に判断して、行動に移せる人です。

でも、みんなは彼女と違う個性を持っているのです。他《た》は我《われ》にあらずなのに、みんなも自分のようにできると思うから、できない人がいると、心が穏やかではいられなくなるのです。

そのことに気づけば、洋子ちゃんもみんなももっと楽しく仕事ができるのに、と思いました。

〈できることなら、私が洋子ちゃんの体のなかに入って、いろいろやってあげたいけれど、そんなことはできないしなあ。洋子ちゃんが気づくのを待つしかないわ〉

一瞬、ため息がこぼれそうになりました。

そんな自分を叱咤激励《しったげきれい》するかのように、心のなかで自分に言いました。

〈私はこんなことで悩んだりしないわ。洋子ちゃんを温かい気持ちで見守ります。やがて洋子ちゃんも成長するわ。
人には成長する時期が必ずあるから。そのときがくれば、自ずと成長するものよ〉
そのように自分に言い聞かせながら彼女の話に耳を傾けていました。

その結果、私と洋子ちゃんはどうなったかと言いますと――。

ようやく訪れた〝終焉《しゅうえん》〟

その後も洋子ちゃんは何か〝こと〟あるごとに同じような相談の電話をかけてきました。数年間、ずっとそうでした。

彼女は、私が期待していたようには変わらなかったのです。

一方の私はと言うと、そんな彼女に対して〈成長する時期がくるまで待つわ〉と。

つまり、私も変わっていなかったのです。

そんななか、一人さんが魔法の言霊を教えてくれました。

そうです、あの魔法の言霊です。

「もっと自分を愛します。そのままの自分をゆるします」

一人さんを見習って「他人《ひと》にゆるく、自分にはもっとゆるく」生きてきた（つもりの）私は、一人さんに**「オレたち、もっと自分をゆるそうな」**と言われても、自分のゆるすところが見当たりませんでした。

つまり、自分はもうゆるす必要がないぐらい、ゆるゆるで非がないと思っていました（なんて傲慢《ごうまん》なんでしょう！　と、いまの私は思います）。

ですから、私は時間があるときに、お題目を唱えるようにして**「もっと自分を愛します。そのままの自分をゆるします」**と言っていたのですけれど……。

ある日、いつものように洋子ちゃんから〝相談の電話〟がかかってきました。

〈洋子ちゃん……。またいつもと同じことを言って……。今日はいつまで続くのかな

あ、この話。もう、イヤんなっちゃう〉

と、そのとき、私は「はっ！」としました。

〈ヤダ、私ったら……なぜ、こんな嫌な気持ちをしているのかしら〉

洋子ちゃんの話を聞きながら、少しイラっとしている自分がいました。

それまで、私の意識はずっと相手の未熟さばかりに向いていて気がつかなかったのです。はじめて嫌な気持ちをしている自分に気づきました。

そして、気づいた瞬間、浮かんだものがありました。

〈いま自分は嫌な気持ちをしているんだな、って認めればいいんだよ。
いま気づいたことを反省材料にしちゃいけないし、反省はしなくていい。反省したって自分を責めて、自分はダメだ、って苦しむだけだもん。そんなこと、宇宙は望んでないよ〉

私はすぐ、洋子ちゃんの話を聞きながら、嫌な気持ちをしている自分に、心のなかで〈わかる、わかるよ。イラっとして当然だよね、はなちゃん〉と自分の味方をしました。

そして、一人さんに教えていただいた、あの魔法の言霊。

もっと自分を愛します、そのままの自分をゆるします。
洋子ちゃんの話を聞きながら「嫌だなあ」と思っている自分を、もっと愛します。
そのままの自分をゆるします。

すると、いままで見えていなかったことが、見えてきたのです。

傲慢だった私

これ以上、自分の何をゆるせばいいのかしら？　と言うぐらい、私は自分のことをゆるして、ゆるして、ゆるしきっている。

つもりで過ごしてきた、かつての自分。

いま思うと、傲慢だったなあ、と思います。


といいますのは、「ゆるします」という言葉は、自分が〈よくない〉と思っていることや、「やっちゃダメ」という決まり・約束事を破った人に言いますよね。


これ以上、自分をゆるすところがないと思っていた、ということは、自分は間違っていない、自分には非がないと思っているのです。

そして、自分の思った通りに洋子ちゃんが変わってくれないことが問題だと、とらえていました。

そして、心のどこかで、自分は正しいと思っていたのです。

自分自身では意識していないのですが、確かにそうだと思いました。

本当に私は傲慢でした。

洋子ちゃんから相談の電話がかかってくるとイラっとしてしまう私なのに、洋子ちゃんに対しては〈まったく、未熟なんだから〉と上から目線。

まったく自分の未熟さに気がついていませんでした。

相手のほうが未熟なんだと思っていた私。

なんて傲慢だったのでしょう。

自分の未熟なところがいろいろ見つかったとき、私はいまこそ、一人さんから教わった、魔法の言霊を言わなきゃと思いました。そして。

もっと自分を愛します。未熟な自分をゆるします。

心のなかでそう言ったのです。

そのとき私が全身に感じたものは、何と表現したらいいのでしょう。

「いいね、はなちゃん、すごくいいよ」

って、ハートがとても喜んでくれているような感覚がやってきたのです。そして。

「はなちゃん、わかったみたいだね」

私の内側で声なき声がする感覚がきて――。

神は見捨てない

「洋子ちゃんはね、あなたの鏡だったのよ。

あなたは、洋子ちゃんのことを『変わらない他人《ひと》を変えようとするなんて……』という目で見ていたけれど、あなた自身も他人《ひと》を変えようとしていた。

あなたも、『洋子ちゃんがこうなってくれたらいいのにな』って、ずっと思っていたじゃない？　あなたと洋子ちゃんは同じことをしていたの。

だからね、類は友を呼ぶ、という言葉があるけれど、あの言葉は本当なのよ。いまの自分に起きていることは自分が引き寄せたの。

でも、**それは罰ではないの。**

いまは自分の望まない、嫌なことが起きているように見えることが、実は自分を磨くために起きていることなの。

自分の人生に起きることはすべて、自分のためになることしか起きない、って一人さんも言うでしょう。

この人生は、一〇〇%自分がもっとステキに進化・向上するためにあるんです。すべての人がそうなのよ。

じゃあ、自分のためになることしか起きないようにしてくれているのは誰？　と言ったらね、自分なの。自分のハートなのよ。

一人さんが言う、**自分に起きることは一〇〇%自分の責任**、とはそういうことなの。自分の成長に貢献しないものは絶対に引き寄せない。

だからね、はなちゃん、あなたに起きることはすべて、あなたの財産、すべてがあなた自身のためになる。

人間だから、知らないこともあるし、間違いもあるの。人は必ず、相手を批判しているときは、批判しているそれと同じものが自分のなかにもあるの。自分にもあるんだって気づけば、それでいいの。

反省はしなくていいの。反省すると、自分を責めて、元気がしぼんじゃう。それって、自分にとっても周りの人にとっても〝よくないこと〟だし、宇宙もそれは望んでいないのよ。

それより、気づけばいいの。

自分の気持ちに気づけばいいの。

嫌な気持ちをしているんだ、ということに気づいたとき、人はすでに自分を客観視してる、お利口さんになっているからオッケー、合格なの。

批判している相手と同じものが自分のなかにもあって、相手はそれに気づかせてくれていたんだ、ということまでわかったら一万点！　スゴいじゃない？　いいよ、いいよ」


目には見えない、耳には聞こえないけれど、それは確かに私を愛してくれている存在の声でした。

間違いなく、私のハートの声でした。

「いますぐ、そこまで気づかなくても大丈夫だからね、はなちゃん。嫌な気持ちをしている、そのままの自分を受け入れて、味方をしてくれればそれでいいの。

もし、はなちゃんが自分の味方をしてくれなかったら……。

それでも私はあなたを愛しています。たとえ、あなたの未熟な部分を批判する人がいたとしても、私はいつも、あなたとともにいます」


と、私のハートがそう言っているような……一瞬のうちに、私がもっとしあわせで豊かになる〝お知らせ〟が入ってきたような感覚です。


「未熟な自分の味方をして、ゆるせない自分をゆるして、愛するのはよくないんじゃない？――って、そうじゃないの、逆なのよ。

いつ、いかなるときも、自分の味方をして、この自分をこのままに愛してゆるす。

これを覚えるために、人は生まれるの。

自分を愛することを覚えたら、人は、周りの人のことも愛してゆるせる人間になる、そういう流れになっているのね。

そして、この自分をこのままに愛すること、ゆるすことを覚えようという気持ちになったとき、宇宙は喜んで〝いいこと〟が次々と起きてきて――」


私の中で何かが動きだしました。

「洋子ちゃん、ごめんね」

この言葉がひとりでに口から出てきたのです。

あなたは〝私の鏡〟

「えっ！」電話の向こうにいる洋子ちゃんは驚き、「社長、なんですか、いきなり、そんな」少々困惑している様子でしたけれど。

「私、いまやっと気づいたの。そしたらね、ふふ……」

「社長の、その笑み、気になるな。何があったんですか？」

「思い込みから解放されて、もっと自由にのびのびと生きられるコツがわかったの。聞きたい？」

「聞きたい！　教えてください」

「嫌な気持ちをしている自分を認めて、**もっと自分を愛します。そのままの自分をゆるします。**一人さんに教わった癒しの言霊を言うの。するとね、ビックリよ。嫌な気持ちがスーッと消えて。

ごめん、いまの話、よくわからなかったでしょう（笑）」

「はい（笑）」

「もう少し詳しく説明するね。まず、この話。洋子ちゃん、覚えているかな。一人さんの話で、ほら――」

＊

一人さんが昔からよくおっしゃっているでしょ、**「自分の目の前に出てくる人は**

〝自分の鏡〟だ」って。

私ね、まさか、あなたが〝自分の鏡〟だとは思っていなかったの。

私たちは全然タイプが違って、たとえば、あなたは繊細できめ細やか。私はと言うと、どうでもいいことは「どうでもいい」という性格。

あなたは手取り足取り人にものを教えるのが得意な人で、私はあまり細かいことを、言いたくないし、言われたくない人。

タイプがまったく違うから、あなたが〝自分の鏡〟だとは、私は全然、思わなかったんだ。

でも、いま、わかったの。やっと気づいたの。

みんなに変わって欲しい。自分はこうしてるように、みんなもそうして欲しい――とあなたが言っているのを聞いていて。

ごめんなさいね。自分が〈嫌だな〉と思っていたことに、いま、はじめて気がついて、**〈自分は何が嫌なんだろう、この人の何に反発を覚えたんだろう〉**って考えたの。

誤解しないでね。私は洋子ちゃん、あなたのことが大好き。あなたという存在を否定して嫌な気持ちになったのではないの。

あなたが、自分と同じようにみんなのことを変えようと、ヤッキになっているその行いに嫌な気持ちになったの、私。

そういう自分の気持ちに気づいたときに、私、心のなかで一人さんに教わった癒しの言霊を言ったの。

もっと自分を愛します。そのままの自分をゆるします、と。

そしたらね、心がスーッと晴れてきて、わかったのよ。

言霊の魔法

何がわかったのかというとね、一人さんの魔法の言霊を言ってたらね、原因は私だった、ということがわかったの。一〇〇%私の責任だったたって。

あなたも他人《ひと》を変えようとしていたけれど、私も、あなたを変えようとしていたの。私みたいに、もっと、おおらかになってね、って。

そのことを、あなたは私の鏡になって、見せてくれていたの。

その考えかたは私のためになっていない。他人《ひと》を変えることはできない、変わって欲しい、変えたいと思うことから不幸が始まる、ということを気づかせるために。

そして、私たち二人して、それぞれの相手を変えようとして、相手が変わらないことにいら立っていたのよ。

＊

電話の向こうで洋子ちゃんがクスっと笑いだしました。

「ホントだ、社長。私、みんなを変えようとしてたんですね」

「もう何年も、お互い、見せあいっこしてたのよ」

私もつられて大笑い。

「でもね、洋子ちゃん。不思議なのよ。自分に気づくと、気持ちがふわぁっと楽になるの。モヤモヤした気分もイライラも、スーッと消えちゃう」

だから、すべてがウマくいく

洋子ちゃんの件がきっかけで気づいたあの日から半年以上が過ぎようとしています。

その間、洋子ちゃんから〝あの電話〟は一本もありません。彼女からかかってくる電話は、建設的な相談しかこなくなりました。

その理由を、あるとき、洋子ちゃんにたずねたところ、彼女はこのように言っていました。

「イライラすることがなくなり、みんなと意思《いし》疎通《そつう》もちゃんとできています。だから、社長にご相談することがなくて（笑）。

でも不思議ですね。

私、別に自分の人生を変えようとしたわけではないのです。自分の生きかたを変えようとしたのでもないんですよ。

他人《ひと》を変えようとしていた自分がいたんだと気づいて、その場ですぐ、**そのままの自分をゆるします、もっと自分を愛します、**って。あの言霊を言っただけなんです」

洋子ちゃんが不思議に思う気持ち、わかります。

私も、自分の生きかたを変えたわけではないのです。洋子ちゃんの何かを変えようとしたわけでも、もちろん、ありません。

洋子ちゃんを変えようとしていた自分に気づいただけなのです。

それなのに、洋子ちゃんのあの変わりよう！

ただ、冷静に考えてみると、ある意味、当然なのですね。

なぜなら、私に、人は他人《ひと》を変えられないのに変えようとしていることに気づかせるために、洋子ちゃんは私の鏡となり、他人《ひと》を変えようとしている姿を見せてくれていたのですから。

でも、私が気づいてしまえば、洋子ちゃんに見せられる必要がありません。洋子ちゃんは私の鏡となり、私に見せる必要がなくなってしまう。

一人さんがかつて、**「人生というのは、自分に必要のないことは起きない。自分に必要なことが起きる」**とおっしゃっていましたが、本当に本当なのですね。

そして、やはり**「人生は一〇〇%、自分の責任」**です。

自分のなかに原因があるのです。

自分に起きることはすべて必然。

ただし、それは自分を罰するために起きているのではありません。本当の自分に気づいて、自分がもっと幸せで豊かになるために起きています。

「いろんな経験を通して、どんなときもこの自分をこのままに愛することを、人は一生涯かけて覚えていくんだよ。だから。

ま、焦らないことだよな（笑）」（一人さん）

第四話　ひとりさんの教えのまとめ

- 人は他人《ひと》を変えられない。変えられないものを変えようとしたとき、人は幸せから遠ざかる
- 「自分のなかにゆるすべきところはない」とは、「自分は正しい」ということ。それが「傲慢」ということ
- 未熟なこの自分をこのままに愛してゆるせるから、周りの人のことも愛して、ゆるせるようになる
- 自分のハートは、自分の成長に貢献しないものは引き寄せない
- 相手に抵抗感・反発を感じている、そのことと同じものが自分のなかにもある——ということを相手は気づかせてくれる〝鏡〟
- 相手の未熟さを批判している自分のなかに、その未熟さと同じものがあると気づいたら、その相手は〝鏡〟になることをやめる
- 人生は一〇〇％自分の責任
- 自分に〝嫌なこと〟が起きるのは罰ではない

● 人は、いろんな経験を通して、どんなときもこの自分をこのままに愛することを、一生涯かけて覚えていく

第五話

どうする？不機嫌なワタシ

胸がキュン、キュン

私に代わってウチの会社を運営してくれている一人、米ちゃん（米川廣美主任）は明るくて、周りにいる人たちにとても慕われています。

もちろん、私も米ちゃんのことが大好きです。

そんな米ちゃんが三十数年ぶりに、実のお母さんといっしょに住むことになりました。米ちゃんは「ウチの母も喜んでいるんです」と、うれしそうでした。最初のうちは。

実際いっしょに暮らすようになって、しばらく経つと、米ちゃんはお母さんのすることなすことに少しイラっとするようになりました。

〈なんで、そんなことをするんだろう。うちのお母さん、こんなことをする人だったかしら〉

そんな想いが出てきてイラっとしてしまう米ちゃん。

そういう自分を知らず知らずのうちに罰していたのでしょう。イラっとする度に、米ちゃんの胸はキュンキュンしていたそうです。


米ちゃんに一日何回も、胸キュンがあるとは知らず、私はただ、一人さんに教わった、あの魔法の言霊のすごさを米ちゃんにも伝えたくて、電話で話をしたのです。

「人は他人《ひと》を変えられない。変えられないものを変えようとしたときに不幸が始まる、という法則、米ちゃんも知っているよね。けどさあ。

あの人、こう変わってくれたらいいのに――とボヤキたくなることが、やっぱり、あるじゃない？　その相手の人は、自分の鏡なんですって。

相手の、ここがゆるせないというところ、受け入れられないと思っている部分が、実は自分のなかにもあるんですって。

それに気づかせようとして、相手は嫌なことをする。

だから、自分に起きることはすべて必然、自分が引き寄せたの。

一〇〇％自分の責任なのよ。

それで、一人さんがおっしゃるのね、**自分が『もっと自分を愛して、そのままの自分をゆるす』ことを覚えるために、相手は変わらないでいてくれる**、って。だから、相手に感謝しなさい、ではないのよ。

気づけばいいの。自分に気づけばいい。

どうやって気づくのか、相手の人の『ここが嫌だ』と感じた、その嫌な気持ちが〝ヒント〟なの。

だから、自分の嫌な気持ちを否定するのではないの。自分の気持ちを見て見ぬフリをするんじゃないの。それに気づけばいいの。

自分はいま嫌な気持ちをしているんだなあ、って、ちゃんと見てあげて、**自分の味方をして、あの魔法の言霊**を言ってね――」

私の話を聞いた、その日の夜。

自宅に向かう車を運転しながら米ちゃんは、お母さんのやること、なすことに「嫌だな」と思ってしまう自分に「**わかる、わかるよ」と味方をし、そんな自分に、「もっと自分を愛して、そのままの自分をゆるします**」と言ったそうです。

そして、その直後、米ちゃんに「はっ！」衝撃が走りました。

〈そうだったのか！　私なんだ！　私が原因だったんだ……〉

すごい魔法！

帰りの車中、米ちゃんに一体、何が起こったのでしょうか。

米ちゃん曰く、私から聞いた通り、お母さんにイライラする自分をちゃんと認めて、**自分の味方をして「もっと自分を愛します。そのままの自分をゆるします」**と言っていたら、ふだん、自分がどんなふうにお母さんと接しているか、冷静にふりかえることができたそうです。

そして、米ちゃんは自分に気づいたのです。

「それまでは、母が私のイライラの原因だと思っていました。母がイライラさせると。でも、そうではなかったのです。原因は私でした。

自分からなるべく母に近づかないようにしたり、隣に母がいても、いないものとして過ごしていました。そう、まるで家庭内別居夫婦を演じているようでした。もちろん、私は〝不機嫌なダンナ〟役です（笑）」

と、米ちゃんは言います。


なぜ、そんなふうに過ごしていたのかというと、お母さんと面と向かって話していると米ちゃんはイライラして、ついうっかり、自分がキツい口調でものを言ってしまいそうで、怖かったのです。

自分のいら立ちを他人《ひと》にぶつけるなんて、みっともない、ましてや、自分を生み育ててくれた母親にそんなことをするものではないと思っているような〝いい人〟だからこそ、米ちゃんはイライラしないように努めました。お母さんがそばにいても、できるだけ、お母さんを見て見ぬフリをしてきたのです。


「でもね、社長」

米ちゃんは言います。

「イライラしないようにしているつもりが、私は不機嫌だったのです。それが原因でした。泣きっ面に蜂が刺すじゃないけれど、私が不機嫌で嫌なムードを出していたから、さらに不機嫌になるようなことが起きたんですよ。私が引き寄せたのです。原因は私だったと気づいたのです。

そしたら、とめどなく涙があふれてきて」

米ちゃんは駐車場に車を停め、泣きながら、

「こんな自分をもっと愛します。そのままの未熟な自分をゆるします。もっと自分を愛します。そのままの未熟な自分をゆるします……」

何度もなんども唱えたそうです。

しばらく経って、落ち着きを取り戻した米ちゃん。泣きはらした目をして家に戻るのが恥ずかしくて、米ちゃんは目薬を差し、何事もなかったような顔をして、お母さんが待つ自宅に戻ったそうです。

玄関のドアを開け、「ただいま」

なかに入った米ちゃん。

「あぁ、おかえりなさい。今日も遅かったわね」


米ちゃんは、あれ？　と思ったそうです。

なぜなら、お母さんの姿は、いつもとまったく同じ。お母さんの立ち居振る舞い、言動、何も変わってはいないのに、どういうわけか、米ちゃんには落ち着いて受け止められます。

お母さんに全然イライラしない。胸もキュンキュンしません。

すべては、いつもと同じだというのに！

〈あぁ、社長が気づけばそれでいいと言ったのは、これなんだ！〉

米ちゃんはそう思いました。

＊

あれから半年以上たちます。

当時をふりかえる、と言っても、そんな昔のことではないはずなのに、米ちゃんはいま「あの頃をふりかえると、なぜ母にイライラしていたのか、何にイライラしていたのかよくわからない」と言います。

少し前まで米ちゃんがイライラしていたことは、いまの米ちゃんにとっては「どうでもいいこと」になってしまったのです。

ありのままで

自分のハートがいま何を想っているか、ハートが発する〝声〟に耳を傾けていると、とてもワクワクする私です。

なぜなら、ささいな心の波も「気づいてね」の〝お知らせ〟だ、ということを体験して知ってしまったからです。

また、自分が嫌な気持ちをしているときこそ、チャンス！

気づかないうちに、心をがんじがらめにしばっている「思い込み」（または固定観念）、自分の想い通りの人生を生きられないようにしている「思い込み」から自分を解放するチャンスなのです。

ムダなものは何もない

人はみんな、心のなかに言葉にできないモヤモヤがあったり、怒りがあったり、不安や恐れ、焼きもち、人をうらやむ気持ち等など、いろいろな想いがあると思います。

なかには、見たくないものもあるでしょう。

「失くしてしまいたい！」というような想いもあるでしょう。

私が、自分の気持ちを大事にしたいと思う、理由の一つは、一人さんにこのようなことを教わっているからです。

「感情は神さまが人間につけてくれたものなんだよ」（一人さん）

一人さんに、幸せで豊かに生きる知恵をお授けいただいたおかげで、毎日、幸せで楽しくて、雲一つない青空のような、はればれとした気持ちで過ごさせていただいている私です。

それでも、やはり、本当にたまにですけれど、心が乱れることがあります。

もちろん、そういうときは、自分の気持ちの変化をできるだけ見逃さないようにして、〈あぁ、いま私はこんな気持ちをしているんだなあ〉と認めたら、自分の味方をします。

自分の気持ちをねじ曲げたり、打ち消したりはしません。

神さまがつけてくれたものですし、それに〝お知らせ〟ですから。

どんなささいなことでも、私は見逃さないようにしています。

みなさんから見たら、とるにたりない、小さな心の波であったとしても、私はその小さな波をちゃんと汲み取って、自分の味方をします。

たとえば、背が高くて細くてキレイな人を見て〈あぁ、うらやましいわ……〉と思ったとします。こんな、とるにたりないことでも、私は自分の味方をして、自分を愛して、そのままの自分をゆるすのです。

そういうことをしていると、また発見がありました！

自分が他人《ひと》のことをうらやましいと思ったり、ねたみの気持ちがあるときに、〈そうだよね、わかるよ〉と**自分の味方をし、〈もっと自分を愛します。そのままの自分をゆるします〉**と言っていると、自然と相手をほめる言葉がすっと出てくるのです。

ところが、私はうらやましく思っていません！　意地を張って自分の気持ちを認めない、あるいは、ねじ曲げているときは、なぜか、相手をほめることができません。

〝負の感情〟を抑え込むことに精いっぱいで、相手が喜ぶ言葉を探そうという心のゆとりがないのです。

イラっとしたときも、同じです。

〈イライラしちゃいけない、いけない〉と、自分の気持ちを否定すると、ますます心がこじれ、現実に起きることもこじれてきます。

ところが逆に、〈あ、いま、自分はイラっとしてるんだ。そんな**自分を愛します。未熟な自分をゆるします**〉と言うと、なぜか、気持ちが落ち着いてきます。


不安でも不平不満でも何でもそうです。〝負の感情〟を抱いてしまった**自分のことを、自分自身が味方をし〈もっと自分を愛します。そのままの未熟な自分をゆるします**〉と言っていると、不思議なぐらい楽に、すんなりと、いまのその不機嫌な状態から脱出できるのです。

いちばんの応援団は〝わたし〟

「人は他人《ひと》を変えられない。変えられるのは自分だけ」という話を聞いたり、本で読んだりしたとき、こんなことを思いませんでしたか？

「自分には感謝が足りなかった。どんなことにも感謝ができる人間になろう」

「どんなことが起きても、それを受け入れ、人をゆるせる器の大きい人間になりたい」

そういう想いを実現するために、いろんな努力もされてきた方が大半だと思います。


私の体験で言いますと。

自分はこう思いたいんだ！――でも、なかなか思えない（笑）。

こうしよう、ああしよう――でも、なかなか思った通りに行動できない。自分は意外と自分の言うことを聞いてくれない（笑）。

ということを実感したのですね。

もしかしたら、みなさんも、私と同じではないでしょうか。

「自分なのに、なかなか、自分の心は思う通りにはなってくれないよ」

「自分がいちばん自分の言うことを聞かない、はがゆくてしょうがない」

そのように感じていませんか？

自分自身のことなのに、なぜ自分の思い通りにできないのでしょうか。

それはね、みなさん、まさか！　と思うでしょうけれど。

実は、自分が自分の味方をしてあげないからなんですね。

たとえば、お父さんやお母さん、学校の先生がいつも頭ごなしに、あなたのことを否定するとします。

「それはダメだ、これをやれ」「やっちゃダメだって、なんべん言わせたら気が済むの！」などと言って、あなたの意思を尊重しなかったり、「お前はバカだな」「お前はダメだな」「何やってんだよ」など、あなたにダメ出しをする。

そんなお父さん、お母さん、先生の「役に立ちたい」「聞く耳を持とう」と、あなたは思いますか？

私でしたら、自分のことを否定するような人に絶対、心を開こうとはしないでしょう。

あなたも、そういう人に対しては心を閉ざしたのではありませんか？

人は、心を閉ざした相手の役に立とうとは思えません。素直になって、この人の言うことは聞こう、という気にはとてもなれないのです。

この人の言うことに素直に耳を傾けよう、この人を喜ばせたい、という気持ちになるのは、やはり、いつも自分のことを思ってくれている人だと思います。自分が失敗したり、何かができなかったときも見捨てず、ゆるして自分の味方をしてくれる人です。

そういう人には、素直になれるし、その人を喜ばせたいと思いますよね。

実は、自分自身に対しても、これと同じことが言えるのです。

自分が自分自身の味方をしてあげていないと、自分は自分にそっぽを向いてしまって、自分の思い通りに行動してくれないのです。

みっともない自分、自分の未熟さも絶対に否定してはいけません。この自分をこのままに愛することに努力をそそぐのです。

せいいっぱい、自分の味方をしてあげてください。

ちなみに、一人さんは、どんなときも、この自分を否定しません。いつも、このままの自分にオッケーを出して一人さんは生きています。

そんな一人さんをそばで見ていた私たちは、知らず知らずのうちにこの自分にオッケーを出すことを覚えてきたのだと思います。

そして、ある日、ふと気が付くと、自分にとって喜ばしいことしか自分に招き寄せない人生になっていました。

私たちだから、そうなったのではありません。

この自分にオッケーを出すと、そうなるように、神さまは、してくださっているのです。

自分オッケー！の奇跡

未熟なところもある自分を肯定した結果、人生が好転したケースは数えきれないぐらい、無数にあります。

これからご紹介する男性Mさんのケースは、その一例です。

人は誰でも、大なり小なり、「いい人と思われたい」という気持ちがあると思います。私にも、もちろん、あります。

Mさんの場合は、いい人と思われたくて、人の目を気にするところがあったそうです。

ところが、その一方で、「自分では意識してそうしているのではないのですが、この人、嫌だなと思うと、それがどうしても態度に出てしまっていました。とくに近しい間柄の人ほど、そうなってしまって。

僕は外では元気がよくて愛想よくしているのですが、家に帰ると自分の母親には不機嫌な態度をとってしまって……」とMさんはおっしゃいます。

そんなMさんが「やさしくなったね」「以前のように、トゲのある態度をしなくなったね」と周りの人から言われるようになりました。

そんなふうにご自分が変わったのは、未熟な自分をそのまま肯定するようになったからだとMさんは言います。

「一人さんが朝、歯を磨くときに、自分に、そのままでいいんだよ、と言っているということを知り、僕もマネをしたのです。

そのままの自分を肯定するようになってから、仕事関係でもビックリするような〝いいこと〟が起きました」（Mさん）

Mさんの話によると、Mさんの職場には、あまり働かないうえに、自分より弱い人にだけキツイことを言う上司がいたそうです。

この上司のことを「いい人だ」と言う人は、職場には一人としていなかったそうです。

「もちろん、僕も嫌いでした。仲間たちがあの上司のことを話している輪の中に自分が入ることすらしませんでした。

あの上司のことはどうでもいい、オレとは関係ないんだ——そう思っていました。でも、心のどこかで相も変わらず、上司のことをすごく嫌っている自分がいました。だから僕はこの上司と距離を置いていましたし、上司のほうも僕と距離を置いていたのです」（Mさん）

ところが、そんな自分に対してMさんは「そのままでいいんだ」と、自分を肯定するようになってから、上司のことが気にならなくなってきて、この上司と仕事の話をするようになったそうです。

「以前は仕事の話ですら、することはありませんでした。それぐらい嫌だったんです、その上司のことが。

でも、そのままの自分でいいんだと肯定するようになってからは、自然と仕事の話ができるようになり、そして奇跡が起きました。

僕は職人なのですが、僕の作品がコンテストで、なんと！　優勝したのです」

＊

Mさんの奇跡は、コレで終わりではありませんでした。

コンテストで優勝してから数か月後、Mさんは転勤になりました。

新しい職場は、全国に展開する店舗のなかでも売上ベスト・スリーに入るお店です。

Mさんは、そこの製造責任者に抜擢されたのです。

第五話　ひとりさんの教えのまとめ

- 自分に起きることは一〇〇%自分の責任、自分が引き寄せた――と気づくと、周りの人や環境にふりまわされない、自分の人生の舵をとれる
- 自分の味方をして「もっと自分を愛します。そのままの自分をゆるします」と唱えると、現実をありのままに見ることができる
- 自分の味方をして、自分を愛してゆるしてあげないと、自分は自分の言うことを聞いてくれない
- どんなときも自分を肯定し、未熟なところもあるこの自分をこのままに愛すると心に決めると、自分にとって喜ばしいことを引き寄せはじめる

第六話 スカッと生きる

〝いい人〟お休みの日

いろんな調査報告を拝見すると、職場の悩みをお持ちの方が非常に多いようです。悩みの大半は、職場の人間関係なのだそうです。

いま職場の人間関係に悩んでいる、あなたにうかがいます。

職場の同僚や先輩、あるいは上司に何か言われて、ちょっとカチンときたとき、あなたは「そんなことで腹を立てるなんてみっともない」と思い、その気持ちを自分のなかにぐっと押し込んでいませんか？

あるいは「あの人は私のためを思って、言いたくないことを言ってくれたんだ」などと、相手の〝いいところ〟を探して感謝しようとしていませんか？

それをすることで問題が改善されたり、心がさわやかになったり、あなたがさらに幸せになっているのであれば、いままで通りのやりかたがあなたにとっての正解です。

でも、そうではないのだとしたら。

私の提案にちょっと耳を傾けてみてください。

「嫌だなあ」と感じた自分に対して、〈わかる。わかるよ。あの人が嫌なことをしたんだから、嫌だと思って当然〉と**自分の味方**をし、あの、一人さんの言霊を言います。

〈あの人のことを嫌だと思った**自分を愛します。そんな未熟な自分をゆるします**〉と、心のなかで言いましょう。

そうやって想っちゃうのは当然だと、**自分で自分の味方**をしていると、相手に対する怒り、イライラ、うらみ、つらみ、「ゆるせない」という想いが段々なくなってきます。

「もっと自分を愛します、そのままの自分をゆるします」という言霊の力により、心がスカッと晴れて、穏やかな気持ちを取り戻せるのです。

ゆるせない上司

職場に〝嫌な上司〟がいるんですけれど――。

そんなご質問を、よくいただきます。

いろんな解決のしかたがあると思います。その状況、その状況に応じて、どう対処していったらいいのか、さまざまな判断ができます。

何が正しいかは、正直、やってみないとわかりません。

ただ、私たちが常に忘れてはならないことは、人は常に、自分の中の最善を尽くしています。

その結果、自分の心がスッキリさわやかになったのであれば、それはその人にとっての正解。

そうではない、自分の心がスッキリ晴れないときは他の対策が必要だ、ということが、自分なりの最善を尽くした結果、「わかる」というだけです。


ずっともやもやしている。

ムカムカする。

そのことを考えただけで怒りがこみあげてくる。

「ゆるせない！」

と、いうふうに、自分のなかから〝嫌な気持ち〟がわきあがってくる。

そんな自分に対してこう言ってあげる。

「わかるよ。あなたが嫌だと思うんだから、よっぽど嫌な上司なんだよね」

「上司が嫌なことをしたんだから、嫌だと思うのは当然だよ。わかるよ、わかるよって」

そう言ってあげる。

つまり、自分が自分自身の味方をしてあげるんです。

そして、「そういうふうに（上司が嫌なことをしたんだから、嫌な気持ちをして当然だと）思っちゃう自分をゆるします」と言います。

もちろん、心のなかで、ですよ。

面と向かって言っちゃダメです。

面と向かって言った場合、その後、どういう展開になるか、みなさん自身がよくごぞんじですよね。

「わかるよ、わかる、わかる。嫌なヤツだもんね。そう思っちゃうのが当然だよ。上司にムカつく自分をゆるします。そのままの自分を愛します」

と心のなかで言います。

そのままでいいのです。

上司にムカついている、未熟なままの自分を愛してあげるんです。そうです、もっと自分をゆるすのです。

それだけ、たったそれだけでいいんです。

どんな自分もゆるしていくんだ、ということだけ、忘れないでください。

これを、すでに実践している人たちがいるのですが、

〝一日で変化がある〟

という報告がたくさんあるんですね。

たとえば、

「上司にムカつく自分をゆるします」

という言葉だけを、私の講演、一時間の話のなかから、そこだけを覚えて帰った方がいます。

その方は男性で、職場にとても〝嫌な上司〟がいました。その上司のことが、とても苦手だったのです。


その男性は、私の講演を聞いた、その日の夜に、

「上司にムカついている自分をゆるします」

それだけを、寝る前に何度も言って寝たそうです。

そして、次の日。
その男性は、会社に行きました。
アレっ？　と思ったそうです。

「なんか、違う!!」

〃嫌な上司〃が、自分の目の前に出てくると、いつも「嫌だな」と思っていたのに、そんなに嫌な感じがしなかった。だから、その男性は「違う!!」って、驚いたのです。

なんで、別にたいしたことないじゃん。えっ、こんな感じの上司だったっけ？
珍しく、その上司の〃いいところ〃が少し見えてきたりして、
〈へぇ〜案外、いい人かも〉
と思ったそうです。

すると、その日はなんと!!

その人の成績が自己ベスト達成。

いままで何年も勤めていて、いちばんいい成績を上げたのです。

素晴らしいですよね。

このように自分で自分の味方をし、自分をゆるすことをやっていると、うれしい奇跡が起きてくるのです。

主婦は楽しんじゃいけないの？

嫌な気持ちになったときに自分の味方をすることと、魔法の言霊「**もっと自分を愛します。そのままの自分をゆるします**」を言うことを実践し、また伝えながら、ますます確信したことがあります。

それは、ハートは、私たちが自分らしく、人間らしく、楽しく豊かに生きることを切に望んでいるということです。

みなさんのハートは「もっと自分の味方をしてちょうだい」「自分の気持ちを否定したり、ネジ曲げたりしないで、ありのままに受け止めて」というサインを出していませんか？

自分が嫌な想いをしているときが、その〝お知らせ〟です。

もし、あなたが、いままで自分の気持ちをないがしろにしてきたのであれば、いま、ここから気づいてあげてください。

ハートは目の前に起きることを通して、いろんな形で〝お知らせ〟しています。

たとえば、これからご紹介するのは、知人の女性に起きたことです。名前を、仮にA子さんとします。

あるとき、私は仲間たちと居酒屋で飲んだり食べたり、歌ったり語ったり、楽しい夜を過ごしていました。

もちろん、そのなかにA子さんもいたのです。

「はなゑさん、私、すっごく幸せ！　こうして、みなさんと飲んだりできて、とっても楽しいんです！」

と、ノンアルコールのドリンクを片手に、うれしそうに語るA子さん。

実はA子さん、私たちと交流するようになった数年前に〝生まれてはじめての居酒屋〟を体験したのだとか。

それぐらい、A子さんは、外の楽しさ、遊ぶことを知らなかった女性でした。

「飲み会はとても楽しいし、ここの仲間といると時間を忘れちゃう！」

目を輝かせながら、私にそう語ってくれたのですが、段々と、雲ゆきがあやしい。

A子さんはそわそわし始めました。

「A子さん、用事があるなら帰っていいのよ、気にしないで」

と、私が言うと、

「いいえ、違うんです。あの私、ここにいちゃいけないような気がして」とA子さん。

そんなこと、ここにいるみんな、誰も思ってないのに。どうして？

A子さん曰く、「飲み会がある日は、いつも主人が不機嫌なんです。だから、自分は居酒屋にいてはいけないような気になっちゃって」とのこと。

でも、よほど、この仲間たちと過ごすのが楽しいのでしょう。

「あぁ、でも、帰りたくないわ」

「あなたがそうしたいなら。こちらは全然OKですよ。

でも、ふだんはおだやかそうで、やさしそうなご主人ですよね」

「暴力をふるったり、とかは、しないんです。ただ、飲み会を楽しんで家に帰ると、ちょっと。早い時間に帰ってもダメなんです」

「いろいろ言われちゃう？」

A子さんはうなずき、「子どものたちのことをほったらかしにして、自分だけ遊んでて、とか。飼い犬が一人でお腹を空かせていて、かわいそうだった、とか。それから――」

一通りA子さんの話を聞いて、

「早く帰ろうが、遅く帰ろうが、どうせ何か言われるのなら、自分がいたいだけいて、めいっぱい楽しい想いをして帰ったほうが得じゃない？」

と私は冗談っぽく言いました。

A子さんの顔がパッと明るくなり、

「そうですよね！」

声もはずんでいます。

ふだんの、元気でチャーミングなA子さんに戻ってくれました。

〝いい子〟の落とし穴

続けて私はA子さんに言いました。

「間違っていたらゴメンなさいね。あなた、もしかして、居酒屋にくるような人は〝真面目でいい奥さん〟じゃないと、思っているんじゃない？」

「あぁ、そうかも……そうだ！　私、ずっとそうでした。子どもの頃も〝いい子〟でいなきゃと思っていました」

「あなたは、こうやって、みんなとお酒を飲んだり、おいしいものを食べたり、歌ったり語ったりするのが好きですよね」

「はい、大好きです。こんな楽しいものを、なぜ、この年までやらないできたのか、と思います」

「ということは、あなた〝真面目でいい奥さん〟を演じていただけで、本当は違うんじゃない？」

「……ふふっ、ははははは」A子さんは朗らかに笑い「本当ですね、私、〝いい奥さん〟じゃないです。なのに、自分はよき妻だと勝手に思い込んじゃって。ヤダわ、私って、おかしい（笑）」。

見えないシバリから解放されたA子さんに、私は一人さんから教わった、あの魔法の言霊を伝えて、「A子さん、あなたも言ってみる?」。

A子さんはうれしそうに、笑みを浮かべながら言いました。

「〝いい奥さん〟ではない自分を、もっと愛します。〝いい奥さん〟ではない、そのままの自分をゆるします」

*

その数日後、A子さんとまたお会いしました。

A子さんは、私の顔を見つけると駆け寄ってきて、言いました。

「はなゑさん、ウチの主人ね、あの晩遅く家に戻ったのに、何にも言わなかったんです。不機嫌にもなりませんでした。ありがとうございます」

私はA子さんに言いました。

「あなたは、飲み会に参加すると、自分が何かいけないことをしているような気になっていたでしょ？　私は〝真面目ないい奥さん〟なのに、って」

「はい」

「神さまは人に楽しい人生を送ってもらいたいの。神さまは人生を楽しんだり、人生を謳歌《おうか》することをとても喜ぶんですよ。それなのに、ちっとも悪いことはしていないのに、自分を責めたり、そうやって自分のハートに背くようなことをしてるとね、ダメダメって、ハートは言うの。

あなたは、子どものときに〝いい子〟でいなきゃ自分は愛されないと思い込み、一生懸命〝いい子〟をやってきたでしょ。

本当に、がんばりましたね。でも、これからは、もっと自分を生きてもいいのではないかしら？　もっとオシャレを楽しんでもいいし、お友だちとお出かけしてもいい。もっと自分を楽しませて、もっともっと自分にごほうびをあげて、ちょっとずつ自分らしい生きかたを取り戻したらいいんじゃないかしら？

家の奥さんやお母さんが、明るく楽しくしていたら、本当に家の中がすべてウマくいくんですよ。

そういう、奥さんを家の福の神って言うんです。

もしかしたら、そのことにあなたが気づくために、ご主人は不機嫌になっていたのかもしれませんね。あなたが自分の気持ちを認めないから、ご主人はイライラしたり不機嫌な態度をとったのかも。

それは言葉を変えて言うと、

『〝いい子〟にならなくていいの。人生をもっと楽しんで』

という、あなたのハートからのメッセージなんです」

ガマンからは恨みしか生まれない

あるところで講演をしたあと、「はなゑさん、ちょっとお聞きしたいのですが、いいですか？」と声がかかりました。

質問をくださったのは、看護師さんをしている女性です。

気持ちがもう、いっぱい、いっぱいなのでしょう。泣きそうな顔をされています。

また、体中に湿疹ができていました。


一人さんに教わったのですが、「あの人、嫌だな」という想いがたまると毒になり、皮膚にトラブルが発生することがあります。

でも、**それも罰ではありません。**ガマンの限界すれすれ、ギリギリであることを知らせるサイン。ハートのＳＯＳが体に現われているのです。


「ウチのドクターが、もう、どうしようもなくって。他の看護師さんたちもドクターのことを私に『なんとかして』と言ってきて、私はどうしたらいいのでしょう」

「ドクターというのは、威厳をもたないと患者さんが不安がりますから、威張って当然ですよ」

「いいえ、逆なんです、うちのドクターは。威厳がないんです。頼りないんです」

延々と、切々と自分の職場の事情を訴え続ける彼女に私は言いました。

「あなたはよっぽどガマンしているのね」

「えっ！」彼女は驚き、一瞬、言葉を飲み込んで、「私、ガマンしているんでしょうか」と。

「ガマンをしていると思いますよ。本当に、よくがんばったね。もうガマンしなくていいんだよ」

「えっ！」大きく見開いた彼女の瞳から、それまで必死にこらえてきた涙があふれ出してきました。

私は少しほっとしました。この女性のハートが、いま涙で、ためていたものを洗い流そうとしてくれているのを見たからです。

「そのドクターも、看護師さんも、嫌なヤツだよね。みんな、あなたに頼って、責任をなすりつけているんだもの。

それでも、あなたは一生懸命がんばっていたけれど、あなた一人の力では、もうどうすることもできなかった、でしょ？　だったら。

いいじゃん。ドクターや看護師さんたちのことを、ふざけんな！　と、心のなかで思ってもいいし、言ってもいいと思いますよ」

彼女は黙ったまま、涙をぬぐっています。

私は続けて言いました。「あんまりガマンすると、人って、爆発しちゃうんです。だからね、ガマンする前に、ガマンしちゃダメなんです。

ガマンする前に、何か〝こと〟が起きた、そのとき、そのときに対処していくのがいちばんいいんです。そしたら、冷静に自分はこうして欲しいとか、こうしたらいいんじゃない？　と言えるでしょ」

するると、彼女が「こうして欲しいということは、いつも言ってるんです、それは、もう何回も言ってるんです……」と言う。

「そうか、その手ではダメだったのね。

同じやり方をしても進展は望めないからなあ。んー、じゃあね、ちょっと演技でもして、机をドン！と叩く〝机ドン〟でもして（笑）。

いいかげんにしてください！　これ以上、私は耐えられません！　って、キレてみるとか（笑）」

彼女はクスっと笑って、「そういう手もあったとは知りませんでした」

「実際どうするかは、あなたが決めていいんですよ。あなたの人生はあなたのものですからね。それと、ゴメンね。

本当は黙っているつもりでいたの。あなたも気にしていると思うからね。でも、ひと言、言わなきゃならない。

その湿疹のことなんですけど――」

たまには人のせいにする

「あぁ、これですか」

彼女は湿疹のできた手をさすって、「かぶれとかではないと思うのですが。なんか突然、一か月ぐらい前から全身に出てきちゃって……」

「あなたも医療現場にいる方だからご存知だと思うけど、患者さんの心の状態が皮膚に出ることがありますよね」

「えぇ、あります」

「あなたのその湿疹はね、嫌な想いをガマンしてガマンして、たまった毒が皮膚に出てきてそうなったんだと思いますよ」

一瞬の沈黙――。

私は思い切って、彼女に言ってみました。

「あのね、そのドクター、もう嫌になっちゃうよね。わかる、わかるよ。あなたがそう思うのは当然だよ。

心のなかで、自分にそう言って、**自分の味方**をしてごらん」

「あの……はなゑさん。ドクターのことを嫌だと思うのは当然だよ、って、こんなことを言って本当にいいんですか？」

「もちろん」私はうなずき、さらに言いました。

「だって、患者さんの前でも、全然しっかりしてくれないんだもの。頼りなくしてたんじゃあ、患者さんだって、そんなドクター、嫌じゃん。

ただし心のなかで言うのよ。面と向かって言うのではなくてね」

彼女は「わかりました」と、うなずき、こう言いました。

「じゃあ、こんな感じでいいですかね。ドクターなのに全然しっかりしてくれないんだもん。嫌になっちゃうと思って当然よ」


「オッケーです。じゃあ次、行きます。

そうやって、ドクターのことを嫌だと思う、**自分をもっと愛します。そのままの未熟な自分をゆるします。**

「ドクターを嫌だと思っている、**自分をもっと愛します。そのままの未熟な自分をゆるします。はい、言ってみて**」

「はい、オッケーです。じゃあ、もう一ついきます。

自分に頼って、文句ばかり言っている看護師たちに腹が立つ。そりゃあそうよ、腹が立って当然よ」

「仲間の看護師たちに腹を立てるのは当然よ。そんな**自分をもっとゆるします。もっと、そのままの自分を愛します**」

「そうそう。それでいいの、それでいいの」

「仲間たちのことをゆるせない**未熟な自分をゆるします。そのままの自分を愛します**

……はなゑさん」

「どうかしましたか？」

彼女は晴れ晴れとした顔で言いました。

「私、いま、気持ちがすごく、楽になってきました」

「もっと自分を愛します、そのままの自分をゆるします」の奇跡

彼女は私を見つめ、次の言葉を待っているようでした。

私はというと、彼女のハートがいちばん伝えたがっていることは何だろうかと考えながら、言葉を探します。

「あなたは、相手のことを嫌だなと思う自分を変えようとしてきたけれど、事態はなんら好転しなかったでしょう」

「はい」

「ということは、自分の変えかたが間違っていたのかもわからない。まず最初は、自分の味方をしてあげなきゃいけないのに、嫌だと思っちゃいけないって、自分の気持ちを否定して、ガマンしてガマンして。それが間違いだったの」

「ガマンが間違い？」

「そう。**ガマンからはうらみしか生まれない**、って、一人さんはおっしゃるんです。だから、ガマンはしない。でも、人は他人を変えられない。変えられないものを変えようとしたときに、不幸が始まるんです。だから、相手を変えようとしない」

「それじゃあ、私は何をすれば……」

「とりあえず、自分の味方をするんです。あの人たちのことを嫌だな、ゆるせないわ、と思って当然だよ、ってね、心のなかで言うの。

そして、**そんな未熟な自分をゆるします**、**そのままの自分を愛します**、って。

それを言っていたら、この先、あなたのハートが、あなたの思う通りの人生に導いてくれますよ」

＊

その翌日、ウチのスタッフを介して、私のもとに一件のメールが届きました。

発信者は、そう、あのがんばり屋の看護師さんです。

「昨日はありがとうございました。

先生と仲間の間に入って、一年ぐらい、がんばってきました。そしたら先月から全身に湿疹ができ……ほぼ一カ月。

はなゑ社長の言葉に涙があふれ、ガマンのフタの鍵が外れ、すごく心が軽くなり。

ガマンしなくていいんだと思ったら涙が止まらなくなりました。

そして今朝、目が覚め、ビックリ。お腹と背中にできていた湿疹が半分ぐらい、跡形もなく消えていたんです。

またまた、涙、涙でした」

まさか！ まさかの大逆転

例の、がんばり屋さんの看護師さんの続きです。

湿疹が消えて、よかったね、だけでは終わらなかったのです。

あのメールが来てから、一カ月ほど経ったある日のことでした。

彼女とばったり遭《あ》ったのです。

そのとき、彼女は、とても、きらきら輝いていました。

「はなゑさん、もう全部、ばっちりいきました」

あぁ、よかった。心から、そう思いました。

でも、どうやって解決したんだろう?

彼女にたずねたところ、

「ふふっ」と彼女は笑います。

なに、一体、何があったのかしら――私は気になって、気になってしかたがありません。

すると、彼女は言いました。

「私、あばれちゃいました（笑）」

「えっ！」私はビックリしたのです。

キレるようにすすめましたが、本当にできるとは思ってなかったんです。でも、「あばれちゃいました」って、どういうこと！と、思いました。

「はなゑさん、私ね、もう、やってらんない！って、ドクターや看護師さんたちのいる前で、

バーン！

机をひっくりかえしたんです。それ以来、ドクターのことも、看護師さんたちのことも、みんなウマくいっちゃって」

「えっ、スゴい、スゴい、やったわねー」

私はうれしくて、うれしくて、彼女に抱きつきました。

その後、彼女は、ますます信頼され、みんなから相談されるようになり、職場で〝光る存在〟となりました。

さらに、彼女に願ってもない〝いいこと〟がありました。

別のドクターが車を買い替えるにあたって、それまで乗っていたＢＭＷを彼女にゆずってくれたのだそうです。

つい最近まで軽自動車に乗っていた彼女は、いまＢＭＷに乗っています。

これは、きっと、彼女が自分を大切にし始めたことを、いちばん喜んでいる〝天の神さま〟からのプレゼント!!

そして、なんと！　なんと！

彼女のもとに、

「看護と介護のまとめ役の課長をやってくれないか」

との打診が、上のほうからきたのです。

神さまはちゃんと見ているんですね。

きっと、彼女ならウマくやっていけるでしょう。やさしくて強くて、賢い人だから。

第六話　ひとりさんの教えのまとめ

- いやなことをガマンしない
- ゆるせない人がいるときは、まずゆるせない自分をゆるす
- 自分をゆるせない人は、ゆるせない自分をゆるす
- 神さまは人間にこの人生を楽しみ、生命を謳歌することを望んでいる
- 自分を責めたり、この自分を否定することを「やめなさい」と神は言っている
- ガマンをして〝いい奥さん〟を演じていると、その間違いに気づかせるために、夫が不機嫌な態度をすることがある
- 〝負の感情〟がたまると皮膚のトラブルが発生することがある。それは罰ではなく、ガマンの限界を知らせるハートからのサイン
- ガマンからはうらみしか生まれない

第七話

どこまでも自分は自分の味方

もう、マイッタ！

ウチの会社を運営している〝三本の矢〟の一人、まっちゃん（松本多加主任）から夜、電話がかかってきました。

「夜遅くにすみません、社長。いま、お電話、大丈夫でしょうか」

ふだん元気なまっちゃんが、少し元気ありません。

「明日の勉強会では、各地からかけつけてきてくれる仲間たちを、最高の笑顔で迎えたいんです。それにはどうしたらいいのか、社長に、ご意見をいただきたくて……すみません」

私に心配をかけることを自分には絶対ゆるさない、まっちゃん。

問題が起きても〈ついてる！　これは自分を成長させるチャンス！〉と一人さんに

教わったことを実践し続けてきた、まっちゃん。
そんな彼女がこんな電話をかけてくるなんて。

一体、何があったの⁉――私は気になってしかたがありません。

「社長に、こんな話を聞かせていいものかどうか、迷ったんですけれど……」
「いいから話してごらん。何があったの？」
「ある人が私にウソをついていたんです。ずっと騙されていたということを、私、全然、気づかなくって――」

まっちゃんが、どんなに、その相手を信じ、かわいがってきたことか。まっちゃんの気持ちが、手に取るようにわかります。
なのに、まっちゃんは。

「あの人のことは、別にどうでもいいんですよ。私が何とかしたいのは、あの人ではなくて、自分の顔なんです。

明日、会社の仲間たちに暗い顔を見せたくないと思って、私、今日一日、何時間も鏡を見て、笑顔の練習をしたんです」

そういう、まっちゃんが私は大好きなのですが。

「最高の笑顔、できた?」

「それが社長、顔がひきつっちゃいまして。これじゃダメだと思って、ついてる!を一〇〇〇回言いました。バッチリお化粧もして、洋服もふだんより華やかな感じにして、いろいろやったのですが、まだ顔がひきつるんです。私にはまだ何か足りないのでしょうか」

私は彼女に言いました。

「いいかげん、自分の気持ちを認めちゃいな」

「えっ、どういうことですか?」

まっちゃんの声が、少し不満げです。

「あのね、まっちゃん……」

私は彼女に言いました。

「自分の顔なのに自分の想い通りにならないんだよね。それはね、あなたが自分の味方をしてあげないからなのよ」

この自分に生まれて、いちばん悲しいこと

人というのは、いつも自分の味方になってくれて、どんなときも自分をゆるして愛してくれる人には心を開き、またその人が喜ぶようなことをしようとします。

自分も、自分自身が味方をして、自分のことを愛してゆるしてあげないと、自分は自分にそっぽを向いて、言うことを聞いてくれません。

まっちゃんは、自分の味方をしてあげていないのです。

本当は、自分にウソをついていた相手のことをゆるせないと思っている自分を否定

して、自分の気持ちを見て見ぬフリをしています。

自分のなかにため込んだ〝負の感情〟は、金属製の指輪を曲げてしまうほどのパワーを持っています。このパワーを抑えることに、自分のエネルギーを浪費して、何かをやろうとしたときには、エネルギーがすっからかん。これでは、やりたいこともできません。

だから、まっちゃんは、想った通りの笑顔にならないのです。

その一方で、自分の気持ちを見たくない、という気持ちも、すごくよくわかります。

私は、少し考えて、「あのね」と彼女に言いました。

「いちばん悲しいのは、自分に素直になれないことよ」

「えっ？」

「そう思わない？　だって、自分の気持ちを否定する、ということは、自分という存在を否定しているのと同じだもの。

あなたのハートが悲しんでいると思うわ」

現状打破に〝意外なコツ〟

しばらく私の話を黙って聞いていた、まっちゃんが、

「社長」

再び口を開いて、こう言いました。

「私は今回のことは、自分が成長するチャンスだととらえているんです。一段上にあがって」

「それはとってもいいことだね。素晴らしい。

ただ、今日のあなたは顔がひきつっちゃう。自分の顔が自分の言うこと聞いてくれ

ないんだよね」

「そうなんです、社長」

「それはね、間違っていたらゴメンね。あなたが自分の気持ちを見て見ないフリをしているからなの。

騙した相手のことをゆるせないと思っている自分のことをゆるしていない。だから、自分の気持ちを見られない」

「私……そうでしょうか」

「自分の気持ちを否定して、**自分の味方をしてもっと自分を愛して、そのままの自分をゆるす**ことをしないと、自分は自分にそっぽ向いちゃうの。だからね、まっちゃん。

まず、自分のハートの声を聞いてごらん。

そして自分の気持ちに気づいたら、**自分の味方をして、もっと自分のことを愛して**あげるの。

私を騙したんだから、ゆるせないのは当然よ。あの人をゆるせない自分をゆるします。もっと自分を愛します、ってね。オッケー？」

「はい。こんな自分を愛していいのかな、ではなくて、晴れ晴れとした顔で、もっと自分を愛します」

目指せ！　どうでもいい人

あの電話のあと、まっちゃんは、魔法の言霊**「もっと自分を愛します。そのままの自分をゆるします」**を声に出して、何度もなんども唱え続けました。

自分を騙した、その相手のことに腹を立てていること、ゆるせないと思っている自分に。

相手のことを思い出すたび、ゆるせない自分を見るたびに、そうしました。

そんなある日。

まっちゃんは、街中でバッタリ、親しい友人と出くわしました。

そのなかに、なんと、まっちゃんがゆるせない、あの人がいたそうです。

相手のことは、いまも、ゆるせない。でも、でも、全員、知りあいなのに、その人のことだけ、無視をするわけにはいかない。笑顔であいさつしよう――まっちゃんは、そう思ったそうです。

親しい友人たちに笑顔であいさつをしながら、〝問題のあの人〟に近寄っていった、まっちゃん。

「こんにちは」

ニコっと笑顔で〝問題のあの人〟にあいさつできたそうです。

ただし、視線は、隣にいる友人のほうに向けて。

〝問題の人〟の目を見て笑顔になることはできなかったのです。

そんなことがあった旨、まっちゃんから事後報告の電話がありました。

「社長、〝あの人〟はまだ私にウソをつくんですよ。あなたのためになることをしているのよ、みたいなウソを」

「その人は、ずっとそういうことを言っているのね。ということは、その人は今後どうなるのか予想がつかない？」

「……相手は変わらない、ということ以外、思いつきません」

「正解！　相手が変わらないとしたら、まっちゃんは、どうする？」

まっちゃんは、ちょっと考えてから、こう言いました。

「あの人のことで腹を立てることに、これ以上、自分の人生の時間を費やしたくありません。だから。

あの人のことが、どうでもよくなるような私でありたい。

社長――」

探し物はここにある

「社長が私の立場だったら、あの人のことは、どうするんですか?」

「うーん。私だったら、ほめると思う」

電話の向こうで、まっちゃんが納得のいかない顔をしているのが伝わってきます。

「社長、いまのは冗談ですよね」

「もちろん本気。だって、あの人は、まっちゃんにほめられたいんだもの。そう思うよ。まっちゃんによく思われたいから、つい自分に都合のいい話をしちゃうんじゃないかな?」

「へぇー。そういう見方もあるんだあ」。感心しきりのまっちゃん。

私は彼女にたずねました。

「そういう考えをしてみて、いまの気分はどう？」

「社長、不思議ですね。あの人は私に好かれたくて、あんなことを言ったんだと思ったら、ちょっと、かわいく思えてきました」

「素晴らしいこたえですよ、まっちゃん。これ以上のこたえは、はっきり言って、どこにもありません」

「ありがとうございます、社長。なんだかすっきりしました。はればれとした気持ちです」

「よかったね、まっちゃん。もう、あなたは、一段上がって、向上しましたね。見える世界が、全然違うでしょう。これからも、何かあったら、自分の気持ちをよく見て、自分の味方をしてあげて、もっと自分を愛して、そのままの自分をゆるすこと。それだけやっていればオッケーなのよ」

私はそう言って、電話を切りました。

私たちは、いついかなる状況においても、宇宙の分霊《わけみたま》であるこの自分を否定しない、この自分をこのままに愛することを覚えるために生まれてきました。

これからも、この自分をダメだと思いそうになること、うっかり自分を責めてしまうこと、いろいろ経験するかもわかりません。

でも、自分に起きることはすべて、罰ではないのです。

いついかなるときも、この自分をこのままに愛することを覚えるためのレッスンなのです。

また、そのレッスンは、巡りめぐって、他人のこともこのままに愛する自分になるためのレッスンでもあります。

＊

一人さんが昔、**「自分を愛して他人を愛します」**という誓いの言葉を教えてくださったとき、こう、おっしゃっていました。

「ダメな自分、できない自分、情けない自分、どうしたって好きになれない部分もひっくるめて全部、この自分を愛することを覚えることから始めるんだよ。

ゆるせない人がたくさんいればいるほど、もっともっと自分の味方をして自分を愛し、未熟な自分をゆるすことに努力してみてごらん。それを覚えたとき、ゆるせない相手のことも、このままでいいんだよって、心から言ってあげられるような人間になるから。

これからも、自分の未熟さを目の当たりにするようなことが出てくるけれど、何があっても自分の味方をするんだよ。自分のことを責めたり、嫌いになっちゃいけないよ。

誰に責められても、自分だけはいちばんの味方になってあげよう。

そして、言霊を唱えるんだ。

もっと自分を愛します。そのままの自分をゆるします。

言っているうちに、無条件で未熟な自分のことをゆるし、このままに愛してくれる〝存在〟をそばに感じる。

本物の愛を外に探し求めていたけれど、なんだ、自分のなかにあったじゃないか！

「――という気づきと驚き、そして、
この自分に生まれた喜びがやってくるから」

爆発寸前、大逆転

子どものときから周りに「あなたはいい子だね」「いい子だね」と言われて育ち、結婚後は周りから「あなたは本当にいい奥さん」と呼ばれ続けてきた女性がいます。

そんな彼女が、一人さんから教わった**「もっと自分を愛します。そのままの自分をゆるします」**を何度もなんども言っていたら、ある日、目覚めました。

自分のなかの〝わきあがる想い〟を感じ、そして、気づいたのです。

自分は子どもの頃から、やりたいことをずっとガマンしてきた、ということに。

どこにも持って行き場のない、この〝想い〟をどうしたらいいの⁉――そのとき彼女は偶然、家でバランスボールを見つけました。

見た瞬間、このバランスボールを壁にぶつけたくなって、ぶつけたそうです。

〈そうか、私は頭にきてるんだ〉ポン！

〈そうよね。頭にくるよね〉バシっ！

〈なんで、私がガマンしなきゃいけないのよっ！〉バン！

〈ふざけんじゃないわよっ！〉バーン！！！


壁にボールを投げつけるたび、すっきりしてくるのだそうです。

その日一日で六時間、ボールを壁にぶつけていた彼女は「体が軽くなっちゃって、心もスッキリ。こんな爽快感は生まれて一度も味わったことがありません！」とおっしゃっていました。


自分の気持ちを発散するのに、ボールを投げるというのは、とてもいいアイディアだなと思います。

自分がガマンして〝負の感情〟をためて、その想いがたまって爆発するよりも、体の細胞が破壊されていくよりも、その都度、発散したほうがいいと思います。
そして、その都度、**もっと自分を愛します、そのままの自分をゆるします**、あの言霊の力を借りましょう。

そのようにして何代も前からため込んでいる過去の〝負の感情〟を、少しずつ溶かしていくと、どんどん心が解放されて、人生の展開が変わってくるでしょう。
また、もっともっと自分らしく生きる喜びを心から感じていただけることを確信しております。

そして、もう一つ。

一人さんに教わったことのなかで、いま、いちばん私がお伝えしたいこと、それは――。

人はみな、自分らしく楽しく幸せに生きる喜びを享受《きょうじゅ》するに値する存在だ、ということです。

がんばってるジブンにプレゼント

私たちは、この地球で幸せになるために生まれてきました。

この人生は、幸せになるための、神さまからのご招待なのです。

私たちは苦しむために生まれたのではありません。

一歩いっぽ自分を解放して自由になって、もっともっと自分をゆるせるようになって、自分をもっと愛せるようになったらいいな、と思います。

ハートだけでなく、この物質の体もたくさん、たくさんかわいがって、幸せにしてあげましょう。

オシャレをしたり、体にちゃんと栄養をとって、お肌もケアしてあげてください。

他にも、会社帰りにライブや映画を観にいったり、カラオケで歌ったり、気の合う仲間とおしゃべりをしたりｅｔｃ。

いまの自分なら、ちょっと手を出せばその手でつかめる〝幸せ〟が、一人ひとり、必ずあります。

いま、できる〝幸せ〟は、いま、やる――それが、一人さん流です。

〝幸せ〟をつかんでください、味わってください。そしたら。

あぁ楽しい、いま自分は生きてる！　って感じられます。

そして、そうやって、いつも自分のためにがんばってくれている自分に、何かプレゼントをしてあげてください。

自分をただ働きさせないでください。そんなことをしたら、自分は自分にそっぽを向いてしまいますよ。

大事な自分に、ちゃんとプレゼントをあげてくださいね。

女性でしたら、おこづかいの範囲内で買えて、ご自分をより一層、素敵に魅せるお洋服やアクセサリーなどがいいですね。

そうそう、プレゼントは、まず、自分の心がときめくもの。

そして、自分のおこづかいの範囲で買えるもの。

この二つを満たせば、何でもいいと思います。


お花一輪でもいいのです。ケーキもいいし、お酒が好きな方でしたら「このビールは、自分にプレゼント」と思って乾杯してください。

歩くことも、自分の健康と美容のためになるプレゼントです。

自分の心が喜ぶこと、体が喜ぶことをしてあげてください。


できれば、毎月、自分にプレゼントをあげるといいかな、と思います。あなたの人生が、より一層キラキラ、ひかり輝きますように。

第七話

ひとりさんの教えのまとめ

- いついかなる状況においても、この自分を否定しない、この自分をこのままに愛することを覚えるために人は生まれた
- 自分を責めない、もし誰かに責められたとしても自分だけは自分の味方をして「もっと自分を愛します。そのままの自分をゆるします」と唱える
- この人生は、幸せになるための神さまからのご招待、楽しんで生きる
- いまできる幸せは、いまやる
- 心だけでなく、自分の体も愛しましょう。オシャレをしたり、お肌のケアをしたり、体にいい栄養をとったり、体が喜ぶことを
- いつも自分のためにがんばってくれている自分にプレゼントをしよう

おわりに――一人さんにおりた〝おことば〟

二〇一五年早春、一人さんと仲間たちといっしょに、千葉県にある香取神宮へお参りに行ってきました。

実は、一人さんも、みんなも、その日が初詣でした。そんな時季に初詣だなんて、ずいぶん、ゆるゆるでしょう（笑）。

一人さんとお参りに行くと楽しいのは、一人さんに〝おことば〟がおりるのです。

香取さんに行った日も、今日はどんな〝おことば〟がおりるのか、とっても楽しみにしていました。

もちろん、あの日も、いつもと同じように、一人さんに〝おことば〟がおりました。

その〝おことば〟が、私にとって、とてもうれしいものだったのですね。

と言いますのは、ここのところ私は「嫌な気持ちをしたら自分の味方をしましょう」「一人さんに教わった魔法の言霊――もっと自分を愛します。そのままの自分をゆるします――を言いましょう」という話を、いろんなところでしているのですね。

そういう私の活動を応援してくれているような〝おことば〟だったのです。

その〝おことば〟は、ひらがなで十文字でした。

はればれとしたきもち、という〝おことば〟です。

はればれとした気持ちとは、スカっと晴れわたった、青空の気分です。一点の曇りもない、モヤモヤが全然ない、さわやかな気持ちです。

ピンとこないようでしたら、雲一つない青空をしばらく見ていてください。青空に自分が溶け込んでしまうつもりで、見ていてください。次第に、青空の波動が自分に波及してきます。

すがすがしい青空が本来の魂、ハートの状態です。
この感覚を覚えておきましょう。

そして、もし、モヤモヤしていたり、何か、ちょっとスッキリしないものがあれば、**わかる、わかるよ。当然だよ、って。**
もっと自分を愛します。そのままの自分をゆるします。
一人さんから教わった魔法の言霊を言ってください。
そうすると段々と、はればれとした気持ちになってきます。

みなさんが、はればれとした気持ちでお過ごしになる時間が一分でも、一秒でも長くありますように、お祈りいたします。

あなたに、すべてのよきことが雪崩《なだれ》のごとく起きます。

舛岡　はなゑ

追伸――「わかるよ、わかるよ」について

自分を攻撃する言葉とか、自分を責める想いに
「わかるよ、わかるよ」
と言ってはダメですよ。
それは自分を責めているんですよ。

たとえば、「自分ってなんてダメなんだろう」とか、
「私が悪いんだ」とか、
そういう想いに、
「わかるよ、わかるよ」
と言ってはダメなんです。
自分を責めちゃいけないのです。
自分をいじめちゃダメなんです。

それは神さまがいちばん嫌います。

覚えておいてくださいね。


もし、どうしても自分を責めてしまうときは、

「そういう自分をゆるします」

と言って、あくまでも自分をゆるしてください。

観音様までの楽しいマップ

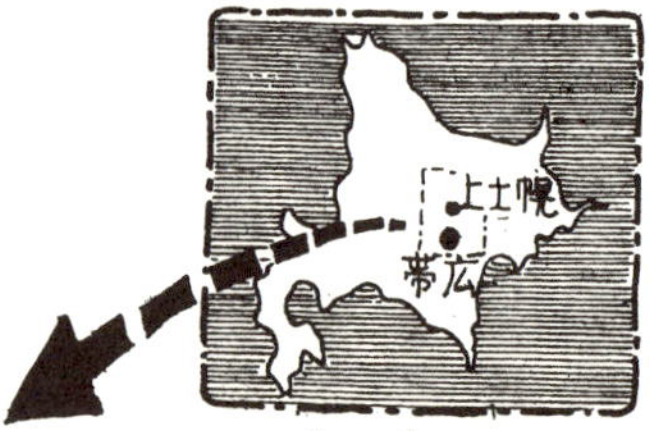

①愛国⟷幸福駅

『愛の国から幸福へ』この切符を手にすると幸せを手にするといわれ、スゴイ人気です。ここでとれるじゃがいも、野菜・etcは幸せを呼ぶ食物かも!特にとうもろこしのとれる季節には、もぎたてをその場で茹でて売っていることもあり、あまりのおいしさに幸せを感じちゃいます。

②十勝ワイン(池田駅)

ひとりさんは、ワイン通といわれています。そのひとりさんが大好きな十勝ワインを売っている十勝ワイン城があります。

★十勝はあずきが有名で『赤い宝石』と呼ばれています。

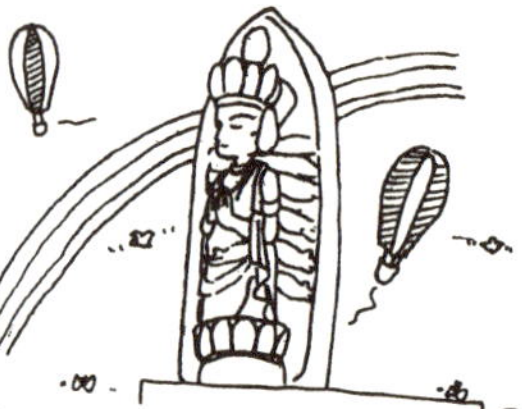

★観音様

ひとりさんの寄付により、夜になるとライトアップして、観音様がオレンジ色に浮かびあがり、幻想的です。

③上士幌

上士幌町は柴村恵美子が生まれた町。そしてバルーンの町で有名です。8月上旬になると、全国からバルーニストが大集合。様々な競技に腕を競い合います。体験試乗もできます。ひとりさんが、安全に楽しく気球に乗れるようにと願いを込めて観音様の手に気球をのせています。

④ナイタイ高原

ナイタイ高原は、日本一広く大きい牧場です。牛や馬、そして羊もたくさんいちゃうのヨ。そこから見渡す景色は雄大で感動!!の一言です。ひとりさんも好きなこの場所は行ってみる価値あり。

牧場の一番てっぺんにはロッジがあります(レストラン有)。そこで、ジンギスカン焼肉・バーベキューをしながらビールを飲むとオイシイヨ!とってもハッピーになれちゃいます。それにソフトクリームがメチャオイシイ。2ケはいけちゃいますヨ。

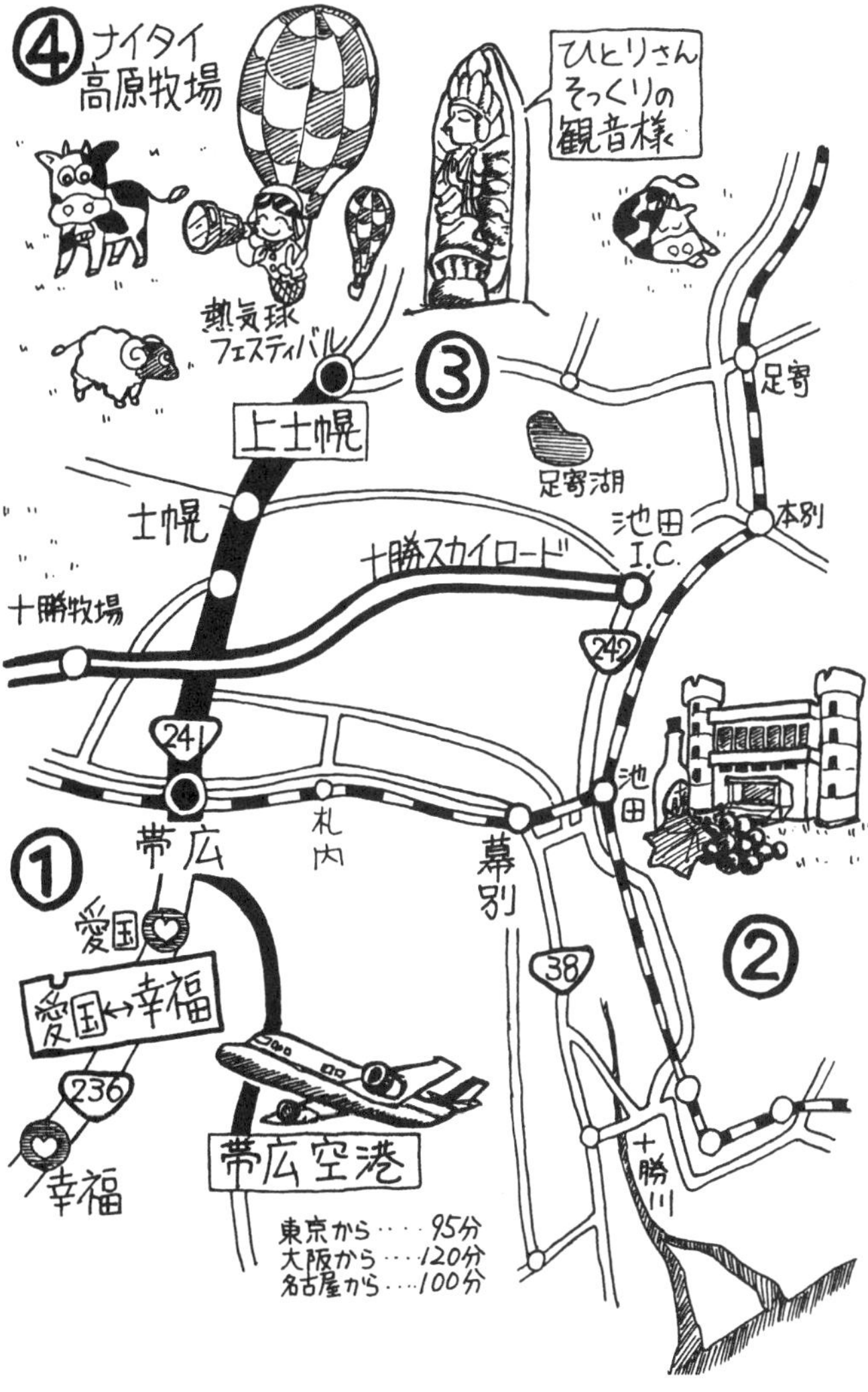

④ナイタイ高原牧場
熱気球フェスティバル
ひとりさんそっくりの観音様
③
上士幌
足寄
足寄湖
士幌
池田I.C.
本別
十勝スカイロード
十勝牧場
242
241
帯広
札内
幕別
池田
①
愛国
愛国↔幸福
236
幸福
②
38
十勝川
帯広空港
東京から……95分
大阪から……120分
名古屋から……100分

斎藤一人さんの公式ホームページ

http://www.saitouhitori.jp/

一人さんが毎日あなたのために、ついてる言葉を、日替わりで載せてくれています。愛の詩も毎日更新されます。ときには、一人さんからのメッセージも入りますので、ぜひ、遊びに来てください。

お弟子さんたちの楽しい会

- **斎藤一人　一番弟子――柴村恵美子**

  恵美子社長のブログ http://ameblo.jp/tuiteru-emiko/
  恵美子社長のツイッター http://twitter.com/shibamura_emiko
  ＰＣ http://www.shibamura-emiko.jp/

- **斎藤一人　感謝の会――会長　遠藤忠夫**

  http://www.tadao-nobuyuki.com/

- **斎藤一人　天国言葉の会――会長　舛岡はなゑ**

  http://www.kirakira-tsuyakohanae.info/

- **斎藤一人　人の幸せを願う会――会長　宇野信行**

  http://www.tadao-nobuyuki.com/

- **斎藤一人　楽しい仁義の会――会長　宮本真由美**

  http://www.lovelymayumi.info/

- **斎藤一人　今日はいい日だの会――会長　千葉純一**

  http://www.chibatai.jp/

- **斎藤一人　ほめ道――家元　みっちゃん先生**

  http://www.hitorisantominnagaiku.info/

- **斎藤一人　今日一日奉仕のつもりで働く会――会長　芦川勝代**

  http://www.maachan.com

舛岡はなゑブログ

開始直後に１万５千アクセス超え !! 絶好調で毎日更新

斎藤一人・舛岡はなゑ
ふとどきふらちな女神さま

http://ameblo.jp/tsuki-4978/

みなさんが、晴れ晴れと、スカッと、
幸せに生きれるよう、全力で応援します。

仲間のブログ・ＨＰ

★ 宮本真由美さんのブログ始まりました！

宮本真由美　芸能人より目立つ!! 365日モテモテ♡コーディネート♪
http://ameblo.jp/mm4900/

★ 柴村恵美子さんのホームページが始まりました !!

http://shibamuraemiko.com/
恵美子さんの最新情報が満載です！

★ 柴村恵美子さんのブログです！

http://ameblo.jp/tuiteru-emiko/
講演会・勉強会の様子や恵美子さんのファッションチェックなど、
ステキで楽しい情報がいっぱいです！

★ 一人さんの最新情報ならココ！
ライター田宮陽子さんのブログ

斎藤一人・田宮陽子 晴れになっても 雨になっても 光あふれる女性でいよう！
http://ameblo.jp/tsumakiyoko/
「一人さんの最新のお話」「取材のこぼれ話」「家族との修行の話」
など、楽しいエピソードを毎日更新しています！

ひとりさんファンの集まるお店

全国から一人さんファンの集まるお店があります。みんな一人さんの本の話をしたり、ＣＤの話をしたりして楽しいときを過ごしています。近くまで来たら、ぜひ、遊びに来てください。ただし、申し訳ありませんが、一人さんの本を読むか、ＣＤを聞いてファンになった人しか入れません。

新店住所：東京都葛飾区新小岩1-54-5　１階　電話：03-3654-4949
行き方：ＪＲ新小岩駅南口のルミエール商店街を直進。歩いて約３分
営業時間：朝10時から夜８時まで。年中無休

一人さんよりお知らせ

今度、私のお姉さんが千葉で「一人さんファンの集まるお店」というのを始めました。
みんなで楽しく、一日を過ごせるお店を目指しています。
とてもやさしいお姉さんですから、ぜひ、遊びに行ってください。

行き方：ＪＲ千葉駅から総武本線・成東駅下車、徒歩７分
住所：千葉県山武市和田353-2　電話：0475-82-4426
定休日：月・金
営業時間：午前10時〜午後４時

各地の一人さんスポット

ひとりさん観音：瑞宝山　総林寺
住所：北海道河東郡上士幌町字上士幌東４線247番地
☎01564-2-2523
ついてる鳥居：最上三十三観音第二番　山寺千手院
住所：山形県山形市大字山寺4753　☎023-695-2845

ひとりさんファンのみなさまへお願いです

「まるかん」では、お買い上げの金額によって、ステキなキラキラペンダントをプレゼントしています。

このキラキラペンダントは、「まるかん仲間」の象徴として、プレゼントしているものです。

このキラキラペンダントに特別な力を期待して、商品をお買い上げになっても、そのようなことはありません。

万が一、キラキラペンダントの不思議な力を期待して商品をお買い上げになった方は、商品をお返しいただければ（未開封・消費期限のあるもののみとさせていただきます）お金を全額お返しいたします。遠慮なくお申し付けください。

商品を購入したお店に返しづらいのなら、本部の方に遠慮なくご連絡ください。

［商品お客さま窓口］

0120-497-285

斎藤一人さんのプロフィール

「銀座まるかん」創設者で納税額日本一の実業家として知られる。1993年から、納税額12年間連続ベスト10という日本新記録を打ち立て、累積納税額も、発表を終えた2004年までで、前人未到の合計173億円をおさめた。土地売却や株式公開などによる高額納税者が多いなか、納税額はすべて事業所得によるものという異色の存在として注目されている。

また、著作家としても、心の楽しさと経済的な豊かさを両立させるための著書を何冊も出版。

主な著書に『知らないと損する不思議な話』『強運』『斎藤一人 500年たってもいい話』（以上、ＰＨＰ研究所）、『すべてがうまくいく 上気元の魔法』『斎藤一人 愛される人生』『地球が天国になる話』（以上、ＫＫロングセラーズ）、『変な人の書いた成功法則』（総合法令出版）、『眼力』『微差力』（以上、サンマーク出版）などがある。その他、多数の著書がすべてベストセラーになっている。

〈著者紹介〉

舛岡はなゑ（ますおか　はなえ）

東京都江戸川区生まれ。実業家。斎藤一人さんの弟子の一人。病院の臨床検査技師を経て、喫茶店「十夢想家」を開く。この店は、斎藤さんと９人の弟子が出会った伝説の喫茶店として知られ、「銀座まるかん」の原点の一つとされている。

たまたま来店した斎藤さんから、「精神的な成功法則」と「実践的な成功法則」の両方を学び、女性実業家として大成功を収める。

東京都江戸川区の長者番付の常連。

しあわせアドバイザーとして、「開運メイク」のセミナーや講演などで活躍している。

著書に、『斎藤一人 みるみる運を引き寄せる「そうじ力」』『斎藤一人 開運つやメイクと魔法の法則』『斎藤一人 みるみる幸せをよぶ魔法の法則』（以上、ＰＨＰ研究所）、『斎藤一人流 すべてうまくいくそうじ力』（ロングセラーズ）、『斎藤一人 しあわせになれる魔法のルール』（学研パブリッシング）などがある。

［舛岡はなゑ事務所］

〒980-0014

宮城県仙台市青葉区本町１丁目 4-15

パークフラッツ本町１階

銀座まるかん

☎ 022-216-0051

http://www.kirakira-tsuyakohanae.info/

装　　幀　一瀬錠二（Art of NOISE）
編集協力　SAYURI

斎藤一人 自分を愛せば奇跡が起こる

2015年7月23日 第1版第1刷発行

著　者　舛岡はなゑ
発行者　安藤　卓
発行所　株式会社ＰＨＰ研究所

京都本部 〒601-8411 京都市南区西九条北ノ内町11
人生教養出版部 ☎075-681-5514(編集)
東京本部 〒135-8137 江東区豊洲 5-6-52
普及一部 ☎03-3520-9630(販売)

PHP INTERFACE http://www.php.co.jp/

制作協力
組　版　株式会社PHPエディターズ・グループ
印刷所
製本所　図書印刷株式会社

ISBN978-4-569-82276-1

PHPの本

斎藤一人 運のいい人、悪い人の話し方

人生も仕事もうまくいくコツ

舛岡はなゑ 著

言葉には、人生を変える力がある！ 幸せなお金持ち・斎藤一人さん直伝の、運がよくて、人間関係もうまくいく人の話し方のコツを紹介。

定価 本体一、二〇〇円（税別）